ひとりがいい旅

まろ（おひとりプロデューサー）

はじめに

　ひとり時間の発信を始めて、約7年。"おひとりさま"を取り巻く環境は、大きく変わりました。顕著に変化を感じたのは、コロナ禍以降。お宿や飲食店のひとり客向けのサービスが次々と登場し、ソロ活をテーマにしたドラマも大ヒットするなど、"おひとりさま"というワードがたびたび話題になりました。世の中の流れを受けて、私自身も「ひとりで過ごす時間が好き」と堂々と言えるようになり、受け手のリアクションもよりポジティブなものに変わってきているなと感じています。

　そんな風に"おひとりさま"が世間に浸透しつつある中で、私はふと立ち止まって「ひとり時間って何がいいんだろう？」と考えるようになりました。たとえば、最近よく見かける「ひとり"でも"行ける」「ひとり"でも"楽しめる」という表現。もちろん、誰とでも、ひとりでも、というニュアンスだと思うのですが、私はひとりだからこその価値があると感じていて、自分なりにその価値を言葉にしたいと思うようになりました。

　本書では、それを特に強く思う"旅"にテーマを絞って、ひとりだからこその旅の形を提案しています。自分の直感を信じて出会う旅や、ルートを決めずに散歩する気ままな旅、脱力してととのう旅など……。こんな話をすると、"ひとり旅至上主義"なのでは？と思われるかもしれませんが、決してそうではありません。私は誰かとの旅も大好きで、それはひとりでは味わえないものだと思っています。でも、それと同じように、ひとりだからできる旅もあるのです。

　さあ、皆さんも、"ひとりがいい旅"に出かけてみませんか？

まろ

ひとりがいい旅って
どんな旅?

では、そんな『ひとりがいい旅』とは何なのか？過去のひとり旅を振り返ってみると、大きく5つのテーマに分けられることに気付きました。
その中でさらに細かく分けた旅もありますので、気になるテーマから読み進めていただいてもいいですし、逆にやったことのない旅から読み進めていただいても構いません。好きなように、本書を読んでいただければと思っています。
そんな自由こそ、ひとり旅の醍醐味ですから。

第一章　出会い旅
直感を信じて
わたしの"好き"と出会う

ひとり民藝旅

ひとりうつわ旅

第二章
浸る旅
時間を忘れて
わたしだけの世界へ

ひとりアート・建築旅

ひとりレトロ旅

第三章　ぶらり旅
気の向くままに
ひとり散歩

第四章　デトックス旅
肩の力を抜いて
心身を解きほぐす

ひとり島旅

ひとり山旅

ひとり温泉旅

第五章　いつもの街旅
ひとりだから
違う景色が見える

目次

はじめに ……………………………… 2
ひとりがいい旅って
どんな旅？ …………………………… 4
本書の使い方 ………………………… 8

第一章

出会い旅 …………… 9

ひとり民藝旅 ……………… 10
松本（長野県） ………………………… 12
倉敷（岡山県） ………………………… 18
鳥取 ほか（鳥取県） …………………… 24

ひとりうつわ旅 …………… 28
那覇/読谷（沖縄県） …………………… 30
松江/出雲（島根県） …………………… 36
益子（栃木県） ………………………… 42

買ったもの　ひとり出会い旅 …… 46

第二章

浸る旅 ……………… 49

ひとりアート・建築旅 …… 50
前橋/高崎（群馬県） …………………… 52
札幌（北海道） ………………………… 58
大分（大分県） ………………………… 64
もっと！ ひとりアート旅 ……………… 68

ひとりレトロ旅 …………… 70
弘前（青森県） ………………………… 72
盛岡（岩手県） ………………………… 78
小田原（神奈川県） …………………… 84

第三章

ぶらり旅 …………… 89

街歩きのMAP付き!!

尾道（広島県） ………………………… 90
高松（香川県） ………………………… 96
熊本（熊本県） ………………………… 100
岡山（岡山県） ………………………… 104
浜松（静岡県） ………………………… 110

第四章

デトックス旅 ……115

ひとり島旅 ……116
- 伊豆大島(東京都) ……118
- 隠岐諸島(島根県) ……124

ひとり温泉旅 ……128
- 別府/鉄輪温泉(大分県) ……130
- 長門湯本温泉(山口県) ……136
- もっと！ ひとり温泉旅 ……140

ひとり山旅 ……142
- 高尾(東京都) ……144
- 上高地(長野県) ……150

第五章

いつもの街旅 ……155

- 京都(京都府) ……156
- 軽井沢(長野県) ……160
- 横浜(神奈川県) ……162
- 名古屋(愛知県) ……164
- 福岡(福岡県) ……166
- ひとり旅に持っていきたい本 ……168

コラム

Column01
"おすすめのひとり旅"って？ ……48

Column02
ひとり旅と、誰かとの旅の"いい関係" ……88

Column03
ひとりごはん、どうする？問題を考える ……114

Column04
"わたしだけの絶景"を見つけて ……154

スペシャル対談
ひとり旅ってなんだろう
『50歳からのごきげんひとり旅』の著者・山脇りこ×まろ ……170

INDEX ひとりがいい旅MAP ……174

本書の使い方

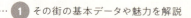

① その街の基本データや魅力を解説

② お店や施設の名前

③ お店や施設の沿革や魅力を解説

⑤ お店や施設の基本データ

〈アイコンの説明〉

 所在地／住所
 電話番号
 営業時間
 定休日
 HPなどのURL
 メールアドレス

QRコード

▶ お店や施設の地図をGoogle Mapsで表示できます。スマートフォンなどで読み取ると、Google Mapsのアプリが立ち上がり、場所が表示されます。

▶ 表示されるお店や施設の場所などの情報は、2025年3月現在のものになります。

▶ Google Mapsのアプリに変更が生じた場合、使用できなくなる可能性があります。あらかじめご承知おきください。

▶ 一部、お店や施設のHPなどが表示される場合もあります。

④ ひとりの楽しみ方や滞在方法を紹介

※本書に掲載している情報は、2025年3月現在のものです。店名、電話番号、営業時間、定休日は変更になる可能性があります。
※美術館などの展示物は、著者が訪問した際のもので、現在展示されていない場合があります。
※著者私物は、現在入手できない場合があります。

出会い旅

第一章

Matsumoto Kurashiki Tottori Naha/Yomitan Matsue/Izumo Mashiko

私はひとり旅を通して、"わたしの好き"と出会えました。誰もいないからこそ、自分の直感を信じるしかないし、信じられる。目と目が合ったような、ビビッときた出会いは特別で、忘れられません。

松本民芸館内

出会い旅 ── 第一章

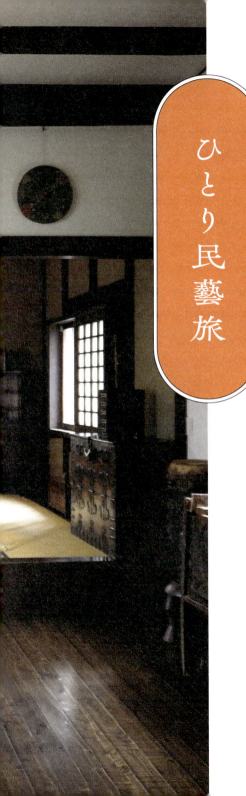

ひとり民藝旅

ひとりだからこそ 出会える"美"がある

　旅先でふらっと民藝館に訪れてから、興味を持ち始めた"民藝"。今では、"民藝"を目的に旅をするほど、その魅力にハマっています。民藝と聞くとプロダクトを思い浮かべる方もいると思うのですが、私が惹かれているのは、生活道具に宿る美しさを見出すという思想です。旅先で営まれている、日常の美しさにハッとすることがあって、それと通じる部分があるなと。しかも、そういう美しさは、ひとりでいるからこそ気付けることが多い。だから、大袈裟かもしれませんが、民藝はひとり旅の良き理解者だと勝手に思っています。

　そして、もうひとつ好きなのが、"直感"を大事にしていること。たとえば民藝館に行くと、説明書きはほとんど見当たりません。誰が作ったか、どこでどう使われていたか、一旦作品の情報や背景は抜きにして、そのものだけを見る。そうして自分の直感だけを頼りにすることで見えてくる美しさがあります。誰がなんと言おうと、美しい。そんな風に自分の感性を大切にできる時間も、ひとり旅ならではですよね。

　だから、堅苦しく構えずに、ぜひ民藝に触れてみてください。わからなくても大丈夫。私もわからないまま、ただ好きなだけです。

"良い暮らし"がある
街のルーツをたどる

ひとり民藝旅

松本（長野県）

"民藝の街"と呼ばれている松本。始まりは、民藝運動の父・柳宗悦に共感した丸山太郎が、松本民芸館を創設したことでした。以来、数多くの工芸品が生まれ、今もライフスタイルショップが立ち並ぶなど、民藝の思いはこの街に長く息づいています。街を歩くと、豊かな暮らしがあるなと感じるのですが、その背景には民藝の存在があるように思えてなりません。松本のルーツを辿る旅へ、出かけてみませんか？

珈琲まるも

松本民芸館

市街地から少し離れた、静かな場所に佇む民藝館。なまこ壁の蔵造りの建物の中には、丸山の確かな審美眼で収集された国内外の民藝品が所狭しと展示されています。

丸山太郎の書

 ひとりeye

「その物の持つ美を 直感で見て下さい」

まず感動したのは、展示室の入口にある「美しいものが美しい」という丸山太郎の書でした。特に心に響いたのは「その物の持つ美を直感で見て下さい」という言葉です。民藝のことを知らなくとも、ただ自分の眼で見て感じてみよう。そう思いながら館内を巡ると、あちらこちらに宿る美しさに気付くことができました。立ち止まったり、時には戻って見直したり、ひとりだからこそ自分のペースで。全て見終えた後の"満腹感"は、たまりません。

Data
- 長野県松本市里山辺1313-1
- 0263-33-1569
- 9:00-17:00(最終入館16:30)
- 火曜

「松本民芸館」を創設した丸山のお店で、ご家族が引き継いで運営されています。丸山自らがデザインした棚や包装紙が使われているなど、彼の美へのこだわりが詰まったお店です。

ちきりや工芸店

 ひとりeye

暮らしに取り入れたい
民藝品を探して

民芸館で目を肥やした後に、立ち寄りたいお店です。ここでは実際に手に取って、自分が「いいな」と感じるものとの出会いを楽しむことができます。私が初めて民藝品を購入したのもこちらでした。自分のものとして使って、初めて"用の美"の意味を実感でき、好きなものに囲まれて暮らす楽しさを知ることができました。皆さんも良いなと思うものがあったら、ぜひお家に持って帰ってみてください。

Data
- 長野県松本市中央3-4-18
- 0263-33-2522
- 10:00〜17:30
- 火曜、水曜

出会い旅 ─ 第一章

松本民芸家具 中央民芸ショールーム

伝統ある和家具の技術と、イギリスのウィンザーチェアをはじめとする諸外国の家具技術が融合してできた松本民芸家具。ここではその家具が、常時400点あまり展示されています。

"わたし"の
ショールーム探訪

入ってみて、建物の奥行きにびっくり。2階建ての広い空間に、松本民芸家具がびっしりと並べられた光景は圧巻です。一つひとつディテールにも目を凝らしながら、「将来こんな家具をおけたらいいな」と時々妄想しつつ、店内を歩き回りました。うつわやテーブルウェアなど手に取りやすい民藝品も取り揃えているので、そちらもお見逃しなく。

Data
- 長野県松本市中央3-2-12
- 0263-33-5760
- 9:30-17:50
- 年末年始

珈琲まるも

1868年創業の「まるも旅館」に併設された喫茶店。「松本民芸家具」の創立者とされる池田三四郎が設計を手がけました。開店時には柳宗悦も駆けつけ、その空間美を讃えたと言います。

コーヒーを片手に、
座って愛でて

店内の調度品は全て松本民芸家具。見るだけでなく、実際に座って愛でることができます。喫茶店の創業から使い込まれているからこその美しさも際立ち、惚れ惚れ。コーヒーを片手にリラックスして座れるので、落ち着いて鑑賞することができます。そしてぜひ食べてほしいのが、モーニングセット。バタートーストが絶品でとろけます。

Data
- 長野県松本市中央3-3-10
- 0263-32-0115
- 9:00-16:00
- 月曜、火曜(祝日の場合は営業)

15

タツミ亭

フランスのアルザス地方の建物を彷彿とさせる外観が印象的な、1921年創業の洋食屋さん。松本の中で、創業から同じ場所で営業しているレストランとしては最も歴史があるのだそうです。

 美しいランプシェードにうっとり

お店に入るとまず目に飛び込んでくるのが、天井にぶら下がる色鮮やかなステンドグラスのランプシェードたち。これは松本民藝の発展にも大きく貢献した金工職人・飯野歌之助の作品で、お食事を待っている間もひとりで退屈することなく眺めていられます。お食事はメニューが豊富なので、じっくり悩んで自分が好きなものをチョイスしてみてください。

Data
- 長野県松本市中央1-5-3
- 0263-32-0941
- 11:30-14:30、17:00-20:30
- 月曜

松本ホテル花月

1887年創業の老舗ホテル。ロビーや併設の喫茶室、客室に至るまで松本民芸家具で彩られており、"泊まれる民藝"がコンセプト。松本らしい空気に包まれながら、心地良い時間を過ごせます。

 松本ひとり旅の余韻に浸りたい

買ってきた民藝品をお部屋に並べて、松本旅の余韻に浸る時間が好きです。一つひとつ手に取りながら、その時の情景を思い出して。ひとりだからこそ、今日の旅をゆっくりと振り返ることができ、心が満たされます。シングルルームがあるので気軽に泊まれるのもうれしいポイント。"わたしの定宿"です。

セミダブルルームの客室（左）、ロビー（右）

Data
- 長野県松本市大手4-8-9
- 0263-32-0114
- チェックイン15:00、チェックアウト11:00

出会い旅 ── 第一章

まだまだ出会える **松本** のひとりスポット

あがたの森ティールーム

柚木沙弥郎先生の、この絵に会いたくて訪れました。先生の母校だった旧制松本高等学校の建物も同じ公園内にあります。

Data ●長野県松本市県3-1-1 ☎0263-36-7654 ◉10:00-15:30 ❌不定休

おきな堂

松本に来るたびに通っている洋食屋さん。ひとりでもいろいろなものを食べたい！の夢を叶えてくれる「ボルガライス」が大好きです。

Data ●長野県松本市中央2-4-10 ☎0263-88-2354 ◉11:00-15:30（L.O. 15:00）、17:30-21:00（L.O. 20:30）❌第二・四水曜、年末等

翁堂本店

創業120年の老舗和洋菓子店。タヌキケーキなど、動物モチーフのお菓子がなんとも愛おしい。

Data ●長野県松本市大手4-3-13 ☎0263-32-0183 ◉9:00-17:00 ❌水曜（臨時休業あり）

開運堂／山屋御飴所

お土産には、レトロなパッケージに惹かれるこちらを。眺めているだけで幸せな気持ちになります。

Data ◎開運堂 ●長野県松本市中央2-2-15 ☎0263-32-0506 ◉9:00-18:00 ❌元日
◎山屋御飴所 ●長野県松本市大手2-1-5 ☎0263-32-4848 ◉9:30-17:30 ❌水曜

松本からふらっとひと足のばすと…

上高地（長野県） ─────── P.150へGO

松本駅から電車とバスを乗り継いでアクセスできます。おすすめの滞在の順番は、松本に前泊し、翌日に上高地へ向かうこと。前乗りすることで移動の疲れを軽減でき、ハイキングに万全の体調で臨めるうえ、松本の街歩きとハイキングの両方を楽しめるので、一石二鳥です。

17

"民藝"のおかげで、もっと好きになれる

ひとり民藝旅

倉敷（岡山県）

なまこ壁の建物や倉敷川沿いの柳並木が織りなす、情緒ある街並み。一度訪れてから、この街の空気感に惹かれて、何度も足を運んでいます。エリア自体はさほど広くはないものの、楽しみ方は多様で、私も来るたびに過ごし方が変わっています。最近は"民藝"をテーマに歩くのがマイブーム。こんなに通っていても、まだまだ知らないことばかりだったと気付かされ、前よりももっと倉敷の街が好きになりました。

倉敷民藝館

中庭の石像が立つ景色

倉敷出身の実業家・大原孫三郎、總一郎の支援を受け、「日本民藝館」に次いで、日本で2番目に開館した民藝館。江戸後期の米倉を改装した建物は、倉敷で初めて古民家を活用した事例として、伝統的建造物を保存する動きの先駆けになりました。

"わたしだけの絶景"を見つけて

何度も通っているからこそ、ここでの"いつも"の過ごし方があります。ひとつは、中庭の奥にある石像が立つ場所の景色を眺めること。最初に偶然目にしたあの時から、ずっと心惹かれていて、見飽きることがありません。そして、常設展示でいつも虜になってしまうのが、多彩なかご。編み目の美しさには、思わず時間を忘れて見入ってしまいます。ぜひ皆さんも、自分だけの過ごし方を見つけてみてください。

1階いろりの部屋(上)、企画展で見た羽鳥焼の茶器(下)

Data
- 岡山県倉敷市中央1-4-11
- 086-422-1637
- 10:00-17:00(最終入館16:30)
- 月曜(祝日の場合は翌日)

大原美術館

1930年に大原孫三郎によって設立された、日本初の西洋美術を中心とした私立美術館。大原は民藝運動を支援していたことでも知られ、1961年には本館とは別に、陶芸家の作品を展示する「陶器館」を開館しました。現在、この陶器館を含む増設された展示室は「工芸・東洋館」と総称されています。

東洋館の階段手すり（右）

ひとりeye 五感で民藝を味わう

「工芸・東洋館」の内外装のデザインは、染色家・芹沢銈介によるもの。作家ごとに変わる展示室の設えや階段の手すり、こだわりの床の材質や音まで、空間全体で民藝をじっくり味わえるのが魅力です。こんな環境だからこそ、ものの美しさが際立つので、自然と作品鑑賞にも集中できます。館内を巡回していると時々出会う、窓から覗く外の倉敷の風景にもうっとり。ここにいると、美意識が研ぎ澄まされていくような感覚を覚えます。

Data
- 岡山県倉敷市中央1-1-15
- 086-422-0005
- 9:00-17:00、12月-2月 9:00-15:00（最終入館は閉館30分前） 月曜（祝日は開館）、7月下旬-8月は無休、冬期休館等あり

出会い旅 ─ 第一章

融民藝店

1971年に、倉敷の民藝運動を指導した外村吉之介らの支援によって、開業した老舗民藝店です。現在は前店主・小林融子さんから山本尚意さんが2022年に事業を引き継ぎ、お店を営んでいます。

お店の外観

倉敷の美しさを再発見

倉敷の美しさが隅々まで感じられるお店です。ひとり旅の特権とばかりに、飽きることなく何周もしてしまいました。買い物が終わって、受け取った紙袋のデザインが素敵だったのでお尋ねしたら「これは倉敷窓で、向かいにも見えますよ」と。何度も訪れていたのに気付けなかったこの街の美意識を知ることができ、とても嬉しかったです。

Data
- 岡山県倉敷市阿知2-25-48
- 086-424-8722
- 11:00-18:00
- 月曜、火曜（臨時休業あり）

日本郷土玩具館

1967年に開館した郷土玩具の博物館。初代館長と現館長が収集した10,000点以上の全国各地の郷土玩具を、2棟にわたる展示スペースで、楽しむことができます。

愛らしい郷土玩具に癒やされて

一歩足を踏み入れると、所狭しと郷土玩具が並んでおり、圧倒的なコレクションの点数に驚きました。全てをじっくり見るのは大変かもしれないので、自分のアンテナに引っかかったものを中心に見るのがおすすめです。私のお気に入りは、「きじ車」などの動物モチーフの玩具。どれも愛らしい表情で、見ているだけで癒やされました。

Data
- 岡山県倉敷市中央1-4-16
- 086-422-8058
- 10:00-17:00
  （博物館の最終入館16:40）
- 年末年始等
  （閑散期は不定休あり）

民芸茶屋 新粋

1919年に割烹旅館として創業した後、レストラン「粋来亭」を経て、現在はおでん中心の居酒屋として営業しています。カウンター席があり、ひとりで入りやすい雰囲気です。

 倉敷の日常に触れる

地元の方も多く訪れ、倉敷の日常が感じられる素敵なお店。おでんをつまみながら、隣の席の熱い討論や店主さんとの楽しげなやり取りに耳を傾けるだけで、温かな気持ちに。店主さんに「実はイチオシなんです」と教えていただいてから、私のお気に入りはクリームコロッケ。人気店なので、混み合う前に早めの時間にサクッと訪れるのがおすすめです。

Data
- 岡山県倉敷市本町11-35
- 086-422-5171
- 17:00-22:00
- 日曜(祝日の場合は翌日)

倉敷国際ホテル

1963年開業の老舗ホテル。「倉敷を愛する人々にとって、ウィークエンドハウスのような小ホテルを」という創設者・大原總一郎の想いが込められ、館内の意匠や調度品から、この街ならではの温もりが感じられます。

 ひとり旅にぴったりなホテル

街歩き中心のひとり旅では、私はこぢんまりしたクラシカルなホテルに泊まるのが好きです。ここはまさに、そんな理想のホテル。モザイクタイルや各所に施された優美なアールに魅了されながら、静かに落ち着いて滞在できます。そして、何より圧巻なのが棟方志功の大板壁画。この壁画を眺めながら、椅子に腰掛けてぼーっと過ごす時間が何とも幸せです。

Data
- 岡山県倉敷市中央1-1-44
- 086-422-5141
- チェックイン14:00、チェックアウト11:00

出会い旅 ── 第一章

まだまだ出会える **倉敷** のひとりスポット

倉敷市立美術館

建築家・丹下健三が手がけたモダニズム建築の代表例として、国の登録有形文化財に。ひとり建築探訪が好きな方は、ぜひ。

Data
- 岡山県倉敷市中央2-6-1
- 086-425-6034 ◎9:00-17:15
- 月曜(祝日の場合は翌日)

倉敷珈琲館

1971年創業の自家焙煎珈琲専門店。美術館や民藝館を見終わって、一息つきながら余韻に浸りたい時に訪れています。

Data
- 岡山県倉敷市本町4-1
- 086-424-5516 ◎10:00-17:00

喫茶エル・グレコ

蔦に絡まれた外観に一目惚れ。大正末期の洋風建築を改装していて、窓枠や開放感ある高い天井など、クラシカルな魅力が満載です。

Data
- 岡山県倉敷市中央1-1-11
- 086-422-0297 ◎10:00-17:00
- 月曜(祝日の場合は営業)

Cafe gewa

いい街に、いいカフェあり。倉敷に泊まったら、モーニングはここと決めています。テラス席で食べるカレーがおいしいのなんの。

Data
- 岡山県倉敷市阿知2-23-10
- 086-441-7890 ◎平日9:00-17:00(L.O. 16:30)/土曜、日曜は8:00から/季節によって変更あり) 不定休

倉敷からふらっとひと足のばすと…

岡山 (岡山県) ── P104へGO

倉敷から岡山は、電車で10〜20分。知らない人も多いのですが、実はとっても近いのです。日帰りで両方の街を訪れるのはもちろん、たとえば倉敷に宿泊して、帰る前に岡山に立ち寄るプランもおすすめですよ。ひとりだからこそ、2つの街を自由に行き来してみてください。

ひとり民藝旅

鳥取 ほか
（鳥取県）

何気ない風景の中に
"民藝"を感じる

鳥取の民藝を語るうえで欠かせない存在が、自らを「民藝プロデューサー」と名乗った吉田璋也です。時代に即した形で民藝を浸透させるべく、職人たちを指導し工芸品のデザインにも携わりました。その彼の教えが今も息づいているのは街を歩くとわかります。「ああ美しいな」と思わずため息が漏れ、気付いたら景色の前で立ち止まっていることが多々ありました。静かに流れる時間の中で、民藝の息づかいを感じてみてください。

民藝館通り

鳥取民藝美術館

柳宗悦が唱えた民藝思想を一般の人々に広めるだけでなく、工人たちの育成にもつなげたいという思いから、吉田璋也によって創設されました。現在、この施設がある通りは「民藝館通り」と呼ばれています。

 ゆっくり、じっくり"鳥取民藝"を歩く

ここが素晴らしいのは、吉田自身が設計を手がけていること。組子細工の障子窓や階段の手すり、コンセントカバーに至るまで、隅々に施された美しい意匠の数々に圧倒されます。そして、民藝美術館の後は、同じく吉田が手がけた民藝館通りにある割烹料理店や民藝店へ。ひとりだからこそ、時間をかけて丁寧に民藝に触れられるのが魅力です。

Data
🏠 鳥取県鳥取市栄町651
📞 0857-21-3504
🕐 10:00-17:00
🚫 水曜(祝日の場合は翌日)、年末年始、展示替え期間等

鳥取たくみ工芸店／たくみ割烹店

民藝館通りにある工芸店と割烹店。工芸店は日本初の民藝専門店で、柳宗悦によって命名されました。割烹店では、各地の民藝のうつわで地元食材を使ったお料理がいただけます。

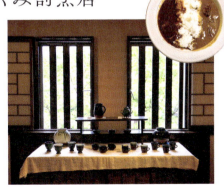

 触れて、つかって、買うよろこび

割烹料理店で実際にうつわを使ったお食事を楽しみ、民藝店で心惹かれた品を手に取ってみる。触れてみて初めてわかる民藝品の良さがあり、ひとりだからこそ、自分の暮らしを想像しながら、じっくり味わうことができました。民藝美術館から全ての体験がシームレスにつながっていて、民藝の世界に浸るにはぴったりの"通り"です。

Data
◎ 鳥取たくみ工芸店
🏠 鳥取県鳥取市栄町651 📞 0857-26-2367 🕐 10:00-18:00 🚫 水曜、年末年始

◎ たくみ割烹店
🏠 鳥取県鳥取市栄町652 📞 0857-26-6355 🕐 11:30-14:30、17:00-21:00
🚫 水曜(変更の場合あり)

25

たくみ珈琲店

2024年に民藝館通りにオープンした民藝カフェ。アフタヌーンティーを民藝のうつわで提供するなど、現代のライフスタイルに寄り添いながら、民藝に触れる機会を生み出しています。

 スイーツ×豆皿に癒やされて

私はランチ後でおなかがいっぱいだったこともあり、アフタヌーンティーより軽めのスイーツプレートをオーダー。3種類のデザートが豆皿に可愛らしく盛られていて、その愛らしさに見惚れてしまいました。そこから、豆皿×プチデザートの組み合わせがすっかりお気に入りに。自宅でもマネをするようになり、"ご自愛時間"を楽しんでいます。

Data
- 鳥取県鳥取市栄町606
- 0857-51-1178
- 11:00-L.O.21:00 ◉火曜

クラフト館 岩井窯

吉田やバーナード・リーチに出会い、陶芸の道を志した山本教行が築いた窯元。ショップのほか、作品制作のための参考資料を展示する「参考館」や、岩井窯のうつわでお食事ができる「喫茶HANA」も併設しています。

「喫茶HANA」の特製あんみつ(右)

 窯元を訪れて、作品を想う

まず、なんといってもこの窯の周辺環境が素晴らしくて感動しました。ここへ向かう道中でも、何度景色に胸を打たれ、立ち止まったことか……。ああ、この環境があって、この作品が生まれるのだとひとりで納得しました。密かにファンだった山本さんとお話しできたのも嬉しく、実際に窯元を訪れることの楽しさを教えていただきました。

Data
- 鳥取県岩美郡岩美町宇治134-1
- 0857-73-0339
- 10:00-16:00
- ◉月曜、火曜(祝日の場合は開館)

出会い旅 ─ 第一章

岩井屋

山陰最古の湯と言われる岩井温泉に佇む、創業150年の老舗旅館。館内は山陰の民藝品で彩られ、ティーラウンジでは、好きな窯元のカップを選んでコーヒーをいただけます。

Data
- 鳥取県岩美郡岩美町岩井544
- 0857-72-1525
- チェックイン15:00、チェックアウト10:00
- 不定休

童子地蔵堂

鳥取民藝美術館に併設しており、吉田自らが設計。市内のお寺から収集された、無縁の154体の童子地蔵が祀られています。

Data
- 鳥取県鳥取市栄町651（鳥取民藝美術館内併設）
- 0857-21-3504
- 10:00-17:00

石谷家住宅

大規模な近代和風建築の傑作として、国重要文化財に指定されています。智頭町の美しい街並みとあわせて訪れる価値のある邸宅です。

Data
- 鳥取県八頭郡智頭町智頭396
- 0858-75-3500
- 10:00-17:00（最終入館16:30）
- 水曜（祝日の場合は翌日）、年末年始等

鳥取県庁舎

鳥取で最初に訪れた場所。重森三玲の長男・完途による、鳥取をイメージした枯山水庭園とモダニズム建築の融合に感動しました。

Data
- 鳥取市東町1-220
- 0857-26-7111
- 8:30-17:15
- 土曜、日曜、祝日、年末年始

鳥取県立博物館

久松山下鳥取城跡内にある総合博物館。偶然通りかかり、建築に一目惚れして入館。ひとり旅だからこその出会いでした。

Data
- 鳥取県鳥取市東町2-124
- 0857-26-8042
- 9:00-17:00（最終入館16:30）
- 月曜、祝日の翌平日、年末年始等

27

出会い旅――第一章

小桜

ひとりうつわ旅

暮らしを彩る、"わたしのうつわ探し"

"うつわ"を意識するようになったのは、初めての沖縄ひとり旅の時。ひとりでお食事をしていると、自然とうつわに目が留まりました。「やちむん(※)で食べると、なんだかワクワクする」。いつも以上にお食事がおいしく感じられ、初めてうつわの力を実感しました。

その後、すぐに那覇でうつわ屋さんをいくつか巡って、うつわ探しに夢中になり、今度は各地へうつわとの出会いを求めて旅に出るようになりました。買う時に「どうやって使おう?」とひとり真剣に悩む時間も、帰ってからうつわを愛でる時間も楽しくて。自炊なんてほとんどしなかったのに、「このうつわでお食事がしたい」と、料理をする機会も増えました。

また、最近はいくつか窯元も巡りました。「そんなにうつわのこと詳しくないからな……」と最初は躊躇していましたが、ショップの営業時間内ならアポイント不要な場所もあると知り、訪れるように。作り手さんのお話を聞いたり、窯元の周辺環境に感動したり、実際に自分の好きなうつわが生まれる場所を訪れる価値を感じています。

こうして、すっかりわたしのひとり旅の定番になった"うつわ旅"。皆さんも"わたしのうつわ"を探しに行きませんか?

※やちむん 沖縄の方言で「焼き物」という意味。

(ひとりうつわ旅)

那覇/読谷
(沖縄県)

うつわ巡りで、新たな"沖縄"に出会う

私の"うつわ旅"の始まりは沖縄でした。やちむんに宿る沖縄の豊かな自然や生命力に心を奪われ、強く惹かれたのを覚えています。今でも旅先で、気付けばやちむんをはじめとする沖縄の工芸品に手が伸びてしまうことがよくあって。そのたびに、沖縄の景色が目に浮かび、また訪れたいという思いが募ります。誰かと賑やかに過ごすのも楽しい場所ですが、うつわ旅を通して、沖縄への愛は一層深まりました。

横田屋窯

出会い旅──第一章

松田共司工房 マグカップ

照屋窯 箸置き

松田共司工房 マカイ

照屋窯 そばちょこ

茂生窯 タラフ

琉球民芸ギャラリー 鍵石 キーストン

那覇のメインストリート・国際通りにある「琉球民芸ギャラリー 鍵石」。一見、いわゆる一般的なお土産屋さんのように見えますが、足を踏み入れると、目利きの人もうなるようなやちむんがずらり。街歩きの合間にふらりと立ち寄りやすい立地で、"うつわビギナー"にもおすすめです。

 ほろ酔い気分で
お宝探し

「うつわを買いに行こう」という目的で訪れた最初のお店です。特定の窯のコーナーもありますが、作り手に関係なく並べられているものも多く、直感で"わたしの好きなもの"に出会えます。不思議と手に取るものが同じ窯の作品だったりして、「私はこの窯が好きなんだ」と気付くことも。夜遅くまで営業しているので、夕食後にほろ酔い気分で訪れるのもおすすめです。出会えたうつわを抱きしめて、いつも上機嫌でお宿へ帰っています。

照屋窯 マカイ

茂生窯 ミルクピッチャー

照屋窯 皿

松田共司工房 皿

Data 久茂地店
沖縄県那覇市久茂地3-2-18
098-863-5348
9:00-22:30
年中無休

※すべて著者私物

ふくら舎（桜坂劇場内）

ミニシアター系作品を中心に上映している映画館「桜坂劇場」の中にあるセレクトショップ。2階には、やちむんをはじめ、ガラスやカゴ類など厳選された沖縄の工芸品が並んでいます。

 "やちむんの秘密基地"に心躍る

映画館の2階にあるなんて！階段を上る間も、「本当にここに？」と驚きつつ、ワクワクが募ります。やちむんコーナーは窯ごとに綺麗に並べられていて、好みがあると見つけやすいのはもちろん、新たな窯との出会いも楽しめます。セレクトのセンスにはいつも惚れ惚れ。ひとりだからこそ時間を忘れて、やちむん探しに没頭したい場所です。

Data
- 沖縄県那覇市牧志3-6-10
- 098-860-9555
- 9:30-21:00
- 年中無休

GARB DOMINGO

沖縄にゆかりのある作家のうつわが並ぶギャラリー＆ショップ。伝統を受け継ぎながらもモダンな作風のうつわが、豊富に揃えられています。時期によっては企画展も開催されており、行くたびに発見があります。

 うつわと"目が合う"その瞬間

初めて「うつわと目が合う」感覚を覚えたのが、このお店でした。それまであまりうつわを買う習慣のなかった私にとって、決して安くはない一品。でも、運命を感じて迷わず購入しました。時々このうつわを眺めるたびに、あの時のときめきが蘇ります。ひとりでお店の世界に入り込むからこそ、こうした出会いが引き寄せられるのかもしれません。

Data
- 沖縄県那覇市壺屋1-6-3
- 098-988-0244
- 9:30-13:00、14:30-17:00
- 水曜、木曜

出会い旅 ── 第一章

CONTE

風情ある古都・首里の裏路地に佇むカフェレストラン。沖縄の食材を中心とした料理やオリジナル焙煎のコーヒーを提供しています。沖縄の作家さんのうつわも多く使用しており、併設のショップではうつわの販売も。

うつわと料理に
沖縄のぬくもりを感じて

なんといっても、まず惹かれるのは隅々まで美しい空間。でも決して距離は感じない、温もりがある空間で、森の中にいるかのような心地良さに包まれます。お食事のうつわは、オーナーご夫妻が県内の作家さんのものを中心にセレクト。どれも、沖縄のあたたかさがじんわりと感じられます。絶品のお食事とともに、ひとりで静かに味わいたいお店です。

Data
- 沖縄県那覇市首里赤田町1-17
- 098-943-6239
- 11:00-17:00(L.O. 16:00)
- 月曜、水曜

久髙民藝店

国際通りにある、1968年創業の民藝店。うつわ、芭蕉布などの染織品、琉球ガラスといった沖縄の工芸品はもちろん、アフリカの椅子やお面など世界各国の民藝品も揃います。

何周もしたら
出会ってしまった

ひとりで訪れる民藝店では、時間を気にせず何周もします。何度も見ているうちに目が慣れ、最初は気付かなかったものが、ふと視界に飛び込んでくるからです。そんな風にして、ここで出会ったのが、アンティークのうつわ。迷うほどの値段でしたが、「これはもう出会ってしまった」と。"諦めて"お宿に持ち帰って、眺めてはニヤニヤしました。

Data
- 沖縄県那覇市牧志2-3-1
- 098-861-6690
- 10:00-20:00
- 年中無休

33

読谷山焼 北窯売店

やちむんの里内にある「読谷山焼 北窯」の共同売店。窯の親方である宮城正享、松田共司、松田米司、與那原正守の4名の工房の作品が並びます。

わたしの"好き"が生まれる場所へ

「やちむんの里」は、工房や直売店を訪れることができるのが魅力。ここは私が大好きな窯だからこそ、絶対に訪れたいと思っていたので、喜びもひとしおでした。これこそ、自分の"好き"を思う存分深掘りできるひとり旅の醍醐味ですね。窯の風景も見ることができて、私が好きなやちむんはここで生まれているんだなあと、しみじみ感じました。

Data
- 沖縄県読谷村座喜味2653-1
- 098-958-6488
- 9:30-13:00、14:00-17:30
- 不定休

横田屋窯

北窯の松田共司・米司とともに読谷山大嶺實清窯で修業した知花實が、2002年に独立し、「やちむんの里」に開窯しました。おおらかで優しく、そして力強い作品が魅力です。工房の軒先でうつわの販売も行っています。

緑に囲まれたやちむんに魅了されて

工房まで、しばらく森の中を歩くのですが、その道中の景色に胸を打たれました。歩いているだけで、心が洗われるような感覚があって……。工房にたどり着くと、沖縄の自然の温かさを感じるうつわたちが緑に囲まれて並んでいて、なんて美しいのだろうと思いました。私がやちむんを好きになった理由が、改めてわかったような気がしました。

Data
- 沖縄県読谷村座喜味2651-1
- 098-958-0851
- 9:00-18:00
- 日曜

出会い旅 ─ 第一章

まだまだ出会える **那覇/読谷 ほか** のひとりスポット

浦添市美術館

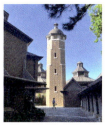

八角形のドーム屋根と高い塔が印象的な建築に魅了されます。南国ならではの装飾が施された琉球漆器の美しさにも、うっとり。

Data ⌂沖縄県浦添市仲間1-9-2 ☎098-879-3219 ⏰9:30-17:00（金曜は19:00まで）休月曜（祝日の場合は開館）

台湾茶屋

散歩中に一目見て惹かれて、ふらっと入ったお茶屋さん。台湾で仕入れた茶葉のお茶に癒やされました。直感を信じて大正解。

Data ⌂沖縄県那覇市牧志3-3-16 ☎098-863-0331 ⏰10:00-17:00 休不定休

珈琲屋台 ひばり屋

国際通りの路地を進むと、突如現れる小さな屋台。青空の下、緑に囲まれながら、沖縄の風を感じつつおいしいコーヒーを一杯。

Data ⌂沖縄県那覇市牧志3-9-26 ☎090-8355-7883 ⏰10:30-19:00（雨上がりは遅れる可能性あり）休雨の日＋不定休

金壺食堂

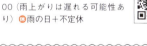

台湾の精進料理をバイキング形式で楽しめるお店。シンプルでやさしい味付けが沁み渡ります。ジューシーなちまきはぜひご予約を。

Data ⌂沖縄県那覇市壺屋1-7-9 ☎098-867-8607 ⏰8:00-15:00 休木曜

小桜

創業70年の老舗居酒屋。深貝工房のうつわでいただく、丁寧に作られた沖縄料理は絶品。中でも、島らっきょうの天ぷらは格別！

Data ⌂沖縄県那覇市牧志3-12-21 ☎098-866-3695 ⏰18:00-23:00（L.O.22:30）休火曜

ホテル アンテルーム 那覇

ひとり沖縄の拠点にしたいホテル。オーシャンビューとともに、沖縄の自然と呼応するようなアートも堪能できます。

Data ⌂沖縄県那覇市前島3-27-11 ☎098-860-5151 ⏰チェックイン15:00、チェックアウト11:00

35

柳宗悦やバーナード・リーチなど、民藝運動を牽引した指導者たちは、島根県を訪れ、県内の陶工たちに多大な影響を与えました。そんな民藝の精神を受け継ぐ窯元たちは今も健在。各々に独自の個性があり、"わたしのうつわ"を探すにはぴったりの環境です。私のような"うつわ初心者"の方も大丈夫。気軽に訪れることができる窯元が多く、うつわ旅デビューにおすすめです。ここでは、松江とお隣の出雲、2つの街をご紹介します。

初めての窯元巡りは、"民藝の街"へ。

ひとりうつわ旅

松江/出雲
（島根県）

湯町窯 （松江）

名湯・玉造温泉のほど近くに、1922年に開窯。出雲布志名焼の流れを汲む窯元です。英国の陶芸家であるバーナード・リーチもたびたび訪れ、窯の代名詞ともなっている「エッグベーカー」は彼の手ほどきによって完成したそう。現在は、三代目の福間琇士さんと四代目の庸介さんが作陶しています。

 ひとりだから、夢中になれた

温かい色合いに、スリップウェアのデザイン。眺めていると自分の胸の中で抱きしめたくなるような愛おしさに、みるみるトリコになりました。三代目の福間琇士さんとの民藝トークにも花が咲き、初めての窯元訪問だったにもかかわらず、滞在時間はなんと2時間超え。予定を大幅に過ぎて、慌てて電車に飛び乗ったのも今ではいい思い出です。ひとりで良かった。いや、ひとりでなかったらあの時間はきっと生まれていなかったと思います。

Data
- 島根県松江市玉湯町湯町965-1
- 0852-62-0726
- 8:00-17:00（土日祝は9:00から） 休 金曜、年末年始

お手洗いの壁一面に広がるタイル

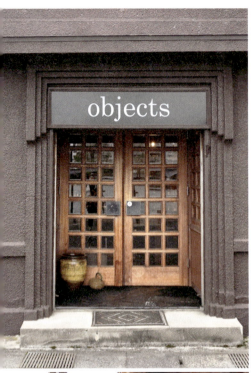

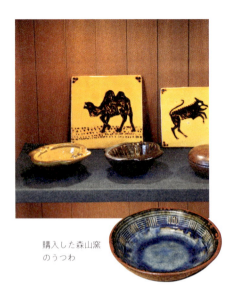

購入した森山窯
のうつわ

objects 本店 （松江）

松江市にあるうつわと生活道具の店。店主でありバイヤーでもある佐々木創さんのセレクトが素晴らしく、全国からうつわ好きが集います。

わたしの"好き"が見つかる場所

窯元を回る前に、自分の好きなうつわのタイプを知りたい！という方におすすめのお店です。私がここで出会ったのは、河井寬次郎の最後の内弟子が営む「森山窯」の作品。店主の佐々木さんをはじめ、スタッフの方々がとても親切で、私の好みを汲み取ってくださり、「森山窯」さんつながりで、他にも色々とご紹介いただきました。皆さんも"わたしのうつわ"に出会えますように。時間に余裕を持って訪れてみてください。

Data
- 島根県松江市東本町2-8
- 0852-67-2547
- 11:00-18:00
- 不定休

出会い旅――第一章

出西窯 〔出雲〕

1947年、地元農家の5人の青年たちによって設立された窯元。柳宗悦をはじめとする民藝運動の中心メンバーから指導を受け、今も日常を彩る健全で美しい暮らしのうつわを作り続けています。

 窯のある土地も、じっくり味わって

窯元に着いた瞬間、のどかな田園風景を前にして、思わず深呼吸。その風景に溶け込むように建てられた展示販売館は、採光が工夫されており、素朴で美しいうつわたちが一層輝いて見えました。自分の暮らしを思い浮かべながら、どれにしようか悩む時間も、この空間ならではの特別なひとときで……。工房の見学も自由なので、ぜひに。

Data
- 島根県出雲市斐川町出西3368
- 0853-72-0239
- 9:30-18:00
- 火曜(祝日を除く)

出雲民藝館 〔出雲〕

出雲地方きっての豪農・山本家の邸宅を一部改修し、そのまま展示館として活用。本館は米蔵、西館は木材蔵を改装しており、どちらも素朴な美しさが光り、建物全体がまるで民藝品そのもののようです。

 島根の民藝を独り占め

圧巻だったのは、このアプローチ。築270年の風格漂う長屋門が出迎えてくれ、この時点で来て良かったと思えました。さらにラッキーなことに、私以外誰もおらず、なんと民藝館を独り占め。静かに民藝品と向き合う中で、特に心奪われたのは農工具の展示。飾られているというより、元々そこにあったかのような、自然な姿に心を打たれました。

Data
- 島根県出雲市知井宮町628
- 0853-22-6397
- 10:00-17:00(最終入館16:30)
- 火曜(祝日の場合は翌日)、年末年始

39

風月堂 （松江）

実は松江は日本三大茶処として知られていて、こちらの和菓子屋さんも松江を代表する名店のひとつ。河井寬次郎の助言を受けて生まれた小倉羹「黒小倉」や「八雲小倉」など、代々受け継がれる伝統の味を楽しめます。

わたしのうつわで銘菓を味わう

ふらっと散歩していたら、目に留まったお店。外観から伝わる実直さに惹かれ、吸い寄せられるように店内へ。「八雲小倉」を購入しましたが、その味も佇まいも本当に素晴らしく、松江の民藝の心が感じられるような一品でした。「湯町窯」で購入したうつわとも見事にマッチ。地元の銘菓を自分が選んだうつわで堪能するのは、いいですね。

Data
- 島根県松江市末次本町97
- 0852-21-3576
- 9:00-16:00
- 土曜、日曜

界 玉造 （松江）

玉造温泉に佇む、星野リゾートの温泉旅館。館内の設えに「湯町窯」のタイルが施され、客室には「出西窯」の湯呑みやコーヒーカップが備え付けられるなど、県内の窯元の作品を身近に感じながら寛ぐことができます。

"わたしの窯元巡り"は、ここから

特に印象的だったのが、地酒を味わえる「日本酒BAR」。日本酒3種を楽しむ際に、県内窯元のお猪口を自分で選べるので、「お気に入り」を選ぶ過程で自分の好みが見えておもしろかったです。お酒を飲みながら、どの窯元を訪れようかと考えるのも楽しい時間。ちなみに、私が訪れた「湯町窯」はお宿の近所にあるので、あわせてぜひ。

Data
- 島根県松江市玉湯町玉造1237
- 050-3134-8092（界予約センター）
- チェックイン15:00、チェックアウト12:00

出会い旅 ── 第一章

まだまだ出会える 松江/出雲 のひとりスポット

興雲閣 (松江)

松江城内の洋館。明治天皇の行在所として使用する目的で建てられており、華麗な装飾が印象的です。カフェも併設されています。

Data
- 島根県松江市殿町1-59（松江城山公園内） 0852-61-2100
- 4月-9月 8:30-18:00、10月-翌3月 8:30-17:00（最終入館閉館15分前）
- 年中無休

島根県庁 (松江)

島根県の美意識が反映されている県庁。作庭家・重森三玲の長男、完途が手がけた「八雲立つ出雲」がコンセプトの中庭は必見です。

Data
- 島根県松江市殿町1 0852-22-5111 8:30-17:15 土曜、日曜、祝日、年末年始

レストラン西洋軒 (松江)

1932年創業の、地元で愛される老舗洋食店。濃厚なデミグラスソースといただいた「カツライス」は絶品でした。

Data
- 島根県松江市片原町111
- 0852-22-3434 11:30-14:00、17:30-19:30 日曜

なんぽうパンのバラパン (出雲)

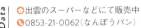

たまたま物産店で見つけて一目惚れした、出雲のソウルフード。こんなに食べるのが惜しいほど美しいパン、他にない！

HP

Data
- 出雲のスーパーなどにて販売中
- 0853-21-0062（なんぽうパン）

松江/出雲からふらっとひと足のばすと…

隠岐諸島 (島根県) ── P.124へGO

出雲縁結び空港から、島後エリアの隠岐の島町にある隠岐世界ジオパーク空港までは飛行機で約30分！そこから、今回この本でも紹介している島前エリアにも、フェリーを使って1時間ほどで向かうことができます。

※フェリーや飛行機の運航状況は必ず事前にご確認ください。

ひとりだから触れたい
益子の日常

ひとりうつわ旅

益子 (栃木県)

陶器の産地として知られる益子。年に2回開催される「益子陶器市」には、全国から多くの人が訪れ、賑わいを見せます。そんな中、私が訪れたのは、陶器市の日ではない普段の益子。どこまでも続く田畑と小高い山、澄んだ空気……。どこか懐かしさを感じる街並みを歩きながら、益子焼の温かみはここから生まれるのだと実感しました。静かに、益子の風土を味わいながら、"わたしのうつわ"を探しに行きましょう。

濱田庄司記念益子参考館

出会い旅 ── 第一章

濱田庄司記念益子参考館

陶芸家・濱田庄司が、自らの作陶の参考として蒐集した品々を、多くの人々と共有したいという思いから、1977年に自邸の一部を活用して開館しました。豊かな自然に包まれながら、作品に触れることができます。

暮らしの品への愛情を感じて

益子に来たら、まず訪れたい場所。彼が集めて生活をともにした品々に宿る深い愛情を感じ、自分が買ったうつわや民藝品も大切にしたいと改めて思わせてくれます。お気に入りは、上ん台と呼ばれるゲストハウス。コーヒーを飲みながらここで暮らしている気持ちになり、ゆったりと心地良い時間を過ごせます。ひとりで寛ぐのにぴったりの場所です。

Data
- 栃木県芳賀郡益子町益子3388
- 0285-72-5300
- 9:30-17:00
- 月曜(祝日の場合は翌日)、年末年始、展示替え期間等

民芸店ましこ

益子焼専門店の第一号として、濱田庄司の命名により1952年に開業。のれんも濱田のデザインによるものです。店内には益子焼をはじめ、各地の民藝品が多く並びます。

購入した「濱田窯」の渦巻き鉢

わたしの益子焼を探して

ぽってりとした温かみのある益子焼は、見ているだけで心が和みます。一つひとつじっくりと眺め、手に取りながら選んだのは、濱田が開窯した「濱田窯」の渦巻き鉢。おひたしなどの和のおかずにもよく馴染み、日常使いにぴったりです。うつわを見るたび、訪れた日が夏真っ盛りで、お店の方に冷たいお茶を出していただいたことを思い出します。

Data
- 栃木県芳賀郡益子町益子2901
- 0285-72-2231
- 10:00-17:00
- 火曜

starnet

洗練された空間に、益子焼を中心にセレクトされたうつわ類や食品、衣料品が並ぶライフスタイルショップ。カフェが併設され、益子近郊で採れた食材を使用したお料理もいただけます。

 なんて幸せな、ひとりごはん

ランチに訪れ、お食事を注文。待ち時間は併設のショップを覗いて、気になるうつわや雑貨を見て回りながら、お気に入りを探しました。そして再びカフェに戻ってランチを楽しんでいると、「この素敵な木製のお箸、さっき店内で見た気がする!」と思い出し、帰り際に購入。おいしいお食事と嬉しい出会いに心が満たされました。

Data
- 栃木県芳賀郡益子町益子3278-1
- 0285-72-9661
- 11:00-17:00(カフェのL.O. 16:30)
- 水曜、木曜

---

pejite

ヴィンテージ家具や地元作家のうつわ、細部までこだわりが詰まったアパレル用品など、日本各地の手仕事を感じられる品々が揃うお店。そのセンスに魅了され、全国から多くのファンが訪れます。

 厳かな空間に、静かに浸りたい

蔦の絡まる外観から趣を感じる建物は、かつての米蔵を改装したもの。自然光が織りなす陰影が美しく、教会のような神聖な空気が漂っています。こういう場所こそ、ひとりで静かに浸りたいんだよなあ……と、何周も回りながら"わたしのうつわ"を探すのに没頭しました。店内は撮影禁止。だからこそ、訪れた人だけが五感で味わえる特別な空間です。

Data
- 栃木県芳賀郡益子町益子973-6
- 0285-81-5494
- 11:00-18:00
- 木曜

出会い旅 ― 第一章

まだまだ出会える **益子** のひとりスポット

益子陶芸美術館

益子焼をはじめ、国内外の優れた陶芸作品を鑑賞できる美術館。ここで目を肥やしてからうつわ探しの旅に出かけるのもおすすめです。

Data
- 栃木県芳賀郡益子町大字益子3021
- 0285-72-7555
- 2月-11月 9:30-17:00、12月-1月 9:30-16:30
- 月曜、年末年始、展示替え期間等

大誠窯

1861年創業の、益子最大規模となる登り窯を有する窯元。2階建ての広々としたショップがあり、眺めているだけでワクワクします。

Data
- 栃木県芳賀郡益子町城内坂92
- 0285-72-2222
- 10:00-17:00
- 火曜(祝日の場合は翌日)

日下田藍染工房

江戸時代から200年以上続く藍染屋。工房は無料で見学が可能。茅葺き屋根の建物内に72個もの藍甕が並ぶ姿は圧巻です。

Data
- 栃木県芳賀郡益子町城内坂1
- 0285-72-3162
- 8:30-17:00
- 月曜(祝日の場合は翌日)

仁平古家具店 益子店

「pejite」の店主が営む古道具店。手に取りやすい価格の品が並び、気軽に暮らしに取り入れたくなります。

Data
- 栃木県芳賀郡益子町益子3435
- 0285-70-6007
- 11:00-18:00
- 木曜

益子の街巡りは、レンタサイクルがおすすめ

益子の街は、お店同士が離れているため、徒歩での移動は少し大変。益子駅のそばにある益子町観光協会で、自転車を借りて巡るのがおすすめです。行きたい場所へ気軽に移動ができるのはもちろん、風を切りながら街並みを眺めるだけでも気持ちが良いですよ。

Data
- ◎レンタサイクル(益子観光協会)
- 栃木県芳賀郡益子町益子1539-2
- 0285-70-1120
- 8:30-17:00
- 年末年始

［買ったもの］

ひとり出会い旅

ひとり旅の旅先で出会い、購入したものたちをまとめました。時には一目惚れして、時にはお店を何周も回って掘り出して。手にとった時の喜びや、お店の方と楽しくお話ししたことなど、出会った全てのものたちに、旅の思い出が詰まっています。

融民藝店

---

01 ｜ 松江の蒸気船
（objects 本店）

P.38へGO

愛らしいフォルムに一目惚れした郷土玩具。かつて宍道湖を往来していた蒸気船がモチーフになっているのだそうです。

02 ｜ たたら皿
（ふくら舎）

P.32へGO

大きな双葉模様と柔らかなカーブした辺から、沖縄の豊かな自然を感じる、からや窯のうつわ。見るたび、沖縄への思いが募ります。

03 ｜ グアテマラ 曲げ木の箱
（ちきりや工芸店）

P.14へGO

カラフルな絵の愛おしさといったら！ ところどころに手仕事の温もりを感じ、眺めているだけでほっこり癒されます。

04 ｜ うつわ
（クラフト館 岩井窯）

P.26へGO

うつわを見ていると、岩井窯周辺の美しい緑やそよ風、たっぷり吸い込んだ美味しい空気が鮮明に蘇ります。

出会い旅

第一章

05 | どんぶり
（出西窯）

P.39へGO

自炊では特に丼ものが大好きな私。頻繁に使う食器がお気に入りになると、こんなにも幸せな気持ちになれることを実感しています。

06 | メキシコ土鍋
（鳥取たくみ工芸店）

P.25へGO

可愛らしい花の絵付けに心惹かれてお持ち帰り。直前に民藝館で世界各国の民藝品を目にしていたからこそ、一層グッときました。

07 | 手ぬぐい
（松本民芸館）

P.13へGO

松本生まれの染色家・三代澤本寿が制作した手ぬぐいの復刻版。民芸館2階の窓から望む北アルプスの景色と重なります。

08 | うつわ
（湯町窯）

P.37へGO

たくさん購入して「買いすぎかも？」と一瞬心配になりましたが、どれも気軽に日常使いできて、今では毎日重宝しています。

09 | 籠
（仁平古家具店　益子店）

P.45へGO

いつからか虜になり、気づけば自室が籠だらけに（笑）。それでも、これぞ！と思う品だけを厳選していて、これもそのひとつ。

10 | 芭蕉布とうつわ
（融民藝店）

P.21へGO

並ぶように置かれていた2品。芭蕉布は沖縄、うつわは安南（ベトナム）と出自は違えど、異文化のつながりを感じて購入しました。

※すべて著者私物

Column
01

"おすすめのひとり旅"って？

　私は、万人に向けた「ひとり旅のおすすめ」はないと思っています。たとえば、よくおすすめの街として、京都が挙げられますが、寺社仏閣にさほど興味がないという方もいるのではないでしょうか。その場合、ひとり旅で訪れてみて楽しめるかと言われたら、少し疑問です。

　大事なのは、自分の"軸"を見つけること。最初から、他人のおすすめに頼りすぎる必要はありません。「アートが好きだから、美術館が巡れる場所に行ってみよう」というように、自分の"好き"や"気になる"を軸として立てる。「ひとりになって考え事がしたい」という自分の"したい"を軸にするのも
ありです。何も思い浮かばない時は、過去の旅を振り返ってみて、ヒントを探すのもひとつの方法。なんであれ、ひとり旅なので自分自身で決めて、とりあえず行ってみることが大事だと思います。一歩踏み出すと、自分がやりたいことや好きなことの解像度が高まって、自分らしい"ひとり旅の形"が見えてくるはずです。

　逆に、ひとり旅慣れしてきた人は、意識的に新しいことにチャレンジするのもいいかもしれません。ひとり旅では、つい自分にとって心地

の良い選択をしてしまいがちなので、ときどき自分の"安全圏"から出て、刺激を受けると新たな発見があります。今回紹介している島旅や山旅は、まさにその一例。臆病な自分と向き合いながら(笑)、私も小さな冒険を楽しんでいます。本書を参考にしながら、ぜひあなたの"ひとり旅"を見つけてみてください。

第二章

浸る旅

Maebashi/Takasaki　Sapporo　Oita　Hirosaki　Morioka　Odawara

ひとりのときは、五感が研ぎ澄まされ、普段なら見過ごしてしまう美しさに気付く瞬間が多くあります。たまには時間を忘れて、心がふわりと満たされるような"絶景"に浸ってみませんか。

北海道知事公館／横たわる彫刻「意心帰」安田侃

浸る旅 ── 第二章

ひとりアート・建築旅

時間をかけて "作品"と向き合う

　ひとり旅を始めた頃、よく訪れるようになったのが美術館でした。

　それまでも東京の美術館にはひとりで行くことがありましたが、旅先の美術館では、作品を通してその土地の空気や文化をより強く感じられることに気付きました。たとえば、収蔵作品も地元の作家さんによる作品や、その土地を題材にしたものが多かったりして。街を一通り回った後なら、答え合わせのようなことができたり、回る前なら、これからの街歩きのヒントを得られることもあります。それも、ひとりだからこそ時間をかけて、ゆっくりとこの"街"を感じられる。東京のように混雑している場所も比較的少なく、静かに浸ることができるので、より深く心に沁みていく感覚があります。

　また、名建築を巡ることも、ひとり旅の大きな愉しみのひとつです。一つひとつの意匠に目を凝らし、"わたしだけの絶景"にうっとりして。よく時間を忘れるとは言いますが、気付くと所要時間30分の場所に、2時間滞在していたなんてことも。これほどまでに没入できるのは、まさにひとり旅ならではの贅沢です。この章では、アートと建築を中心に"浸る旅"をご紹介します。

51

芸術の街を愉しむ
拠点に、
アートホテルを

（ひとりアート・建築旅）

前橋／高崎

（群馬県）

このエリアを訪れるようになったきっかけは、
前橋のアートホテル「白井屋ホテル」でした。
最初は、館内でひとり過ごすことが多かった
のですが、周辺にもアートや建築を堪能でき
るスポットがあることを知り、街へ繰り出す
ように。歩いてみると、文化の香る素敵な街
で、今まで思っていた温泉や山といった群馬
のイメージとは、また一味違う魅力が感じら
れました。ここでは、前橋と、お隣の高崎の
2つの街をご紹介します。

白井屋ホテル（前橋）

前橋出身の起業家でアイウエアブランド「JINS」創業者・田中仁氏が、取り壊し寸前の老舗旅館を私財で買い取り、アートホテルとして再生させました。設計を手がけた藤本壮介氏をはじめ、空間全体を世界の名だたるクリエイターたちが作り上げているのが大きな特徴です。

ベッドルームサウナ

ひとりeye
渾身の"作品"をひとり占め

アートと建築を、自分のペースで堪能できるのが何よりの贅沢。私は、螺旋階段を何度もゆっくりと上り下りし、時間帯や角度によって変化する景色を眺めるのが好きです。その時々で目に留まる場所が変わるので、何度歩いても新鮮に感じます。ほかにもメインダイニングでのお食事やサウナなど、"浸る"選択肢は盛りだくさん。ひとりだからこそ自分好みにアレンジしながら、滞在を存分に楽しんでください。

Data
- 群馬県前橋市本町2-2-15
- 027-231-4618
- チェックイン15:00、チェックアウト11:00 無休

アーツ前橋 （前橋）

前橋の中心市街地にある市立の美術館。商業施設の別館だった建物をコンバージョンして2013年に開館しました。街の風景に溶け込んでいて、オープンな雰囲気が魅力です。

 ひとり散歩の、アートな寄り道

散歩の途中に、ふらっと入りたくなるような軽やかさが好きです。展示スペースの設計も散歩道のようで、街とつながっている感覚を感じながら、アートな散歩を楽しめます。初めてひとりで訪れても、肩肘張らずにリラックスして見られるはず。併設のカフェもお気に入りです。「白井屋ホテル」からもほど近いので、ぜひ立ち寄ってみてください。

Data
- 群馬県前橋市千代田町5-1-16
- 027-230-1144
- 10:00-18:00
  ※入館は閉館時間の30分前まで
- 水曜

群馬音楽センター （高崎）

高崎でひときわ存在感を放つ音楽ホール。日本のモダニズム建築に大きな影響を与えた建築家のアントニン・レーモンドが設計しました。60年以上にわたり、市民に愛され続けています。

 圧巻の壁画に魅せられて

催し物のない日に見学が可能で、私が訪れた日は誰もおらず、ラッキーなことにこの空間を独り占めできました。折板構造の外観や、水玉模様の螺旋階段など、建築的な見どころは満載なのですが、私が特に心惹かれたのは大きな壁画。音楽が持つパワーのようなものも感じられ、椅子に腰掛けてしばらく見入ってしまいました。

Data
- 群馬県高崎市高松町28-2
- 027-322-4527
- 不明
- 月曜（祝日の場合は翌日）、年末年始
  ※イベント開催時は見学不可

群馬県立近代美術館 （高崎）

1974年に、緑豊かな群馬の森公園に開館。ルノワール、モネ、ピカソらの海外の近代美術から日本の近現代美術、群馬にゆかりのある美術作品から染織作品まで、幅広いコレクションを収蔵しています。建築は磯崎新の設計で、立方体の集合構造が印象的です。

ひとりeye 近づいても、離れても

企画展はもちろん、コレクション展も素晴らしく、何度も通いたくなります。私のお気に入りは、ピカソの代表作「ゲルニカ」を再現したタペストリーをはじめとする、織物の地・群馬にふさわしい染織作品たち。ひとりだからこそ、じっくりと繊維の細部まで目を凝らして近づいたり、一歩引いて全体を見たり。集中してじっくりと鑑賞した後は、レストランのテラスでコーヒーを飲んで一息つくのがおすすめです。

Data
- 群馬県高崎市綿貫町992-1 群馬の森公園内
- 027-346-5560
- 9:30-17:00（最終入館16:30）
- 月曜、年末年始

高崎市美術館／旧井上房一郎邸 高崎

旧井上房一郎邸

房一郎氏が購入したという民芸家具

美術館は、地元にゆかりのある作家のコレクションを収蔵し、個性的なテーマの展覧会を開催しています。敷地内には、同市の文化振興に貢献した実業家・井上房一郎の旧邸も併設。井上と親交のあったアントニン・レーモンドの自邸を写した建物として知られており、彼の建築スタイルがよく表れています。

高崎市美術館／森田千晶《空径》（部分）2024年

ひとりeye

"わたしの家"へ妄想トリップ

ある時は版画、ある時は色などユニークなテーマで企画展示されているのが魅力的。新たなアートの知識が得られ、ひとりだからこそ深掘りできます。そしてやはり、建築好きとしては、旧井上房一郎邸は見逃せません。私は、ひとり旅で誰かの邸宅を訪れては"将来の自邸"を妄想するのですが、庭園とシームレスにつながるこの家の構造には特に強く惹かれました。ときどき、ふと我が家のようにここへ帰りたくなります。

Data
- 群馬県高崎市八島町110-27
- 027-324-6125
- 10:00-18:00(最終入館17:30)
  ※金曜のみ20:00まで
  旧井上房一郎邸は公式HPよりチェック
- 月曜、祝日の翌日、年末年始、展示替え期間

まだまだ浸れる 前橋/高崎 のひとりスポット

太陽の鐘 前橋

前橋再生のシンボルとなるよう、広瀬川沿いに設置された岡本太郎の作品。アートな街として発展する前橋のイズムを感じられます。

Data
- 群馬県前橋市千代田町5-18
- 027-257-0675（前橋市観光政策課）なし

つどにわ 前橋

地域の方々が集う"庭"として開放されている広場。コーヒースタンドやおしゃれなコワーキングスペースも併設されています。

Data
- 群馬県前橋市千代田町2-3-14
- 027-230-9100 9:00-18:00（土日祝は短縮営業）年末年始

パーラーレストラン モモヤ 前橋

1956年に「モモヤ食堂」としてオープンした老舗洋食店。ショーケースのディスプレイからワクワクします。この可愛らしさよ……。

Data
- 群馬県前橋市千代田町2-12-2
- 027-231-5017 10:00-19:00 水曜、第三木曜

観音屋 本店 高崎

身体の治したいところから食べて、御慈悲を頂く観音様の最中。この愛くるしさ、たまらない！高崎駅の売店で購入しました。

Data
- 群馬県高崎市中紺屋町22-1
- 027-325-2000 10:00-18:00 第一、三火曜、毎週水曜

骨董舎 前橋

老舗書店「煥乎堂 前橋本店」の3階にある骨董店。思いがけない場所での宝探しに、終始心躍る時間を過ごせました。

Data
- 群馬県前橋市本町1-2-13 煥乎堂前橋本店3F
- 090-2660-8011 10:00-18:30 火曜、水曜、第三日曜

warmth 1号店 高崎

古民家を改装してできた、コーヒー好きが集うカフェ。店内でかかっていた山下達郎の曲が心地良く、思わず長居してしまいました。

Data
- 群馬県高崎市通町69
- https://mainwarmth.stores.jp/ 月曜-金曜7:00-19:00、土日祝8:00-19:00 年中無休

ひとりアート・建築旅

札幌（北海道）

北の大地で、
自然と芸術に
触れる

大都市でありながら、自然との距離が近く、どこか穏やかな空気が流れる札幌。札幌には、その空気感をまとった美術館やアートスポット、名建築がそこかしこに点在しています。冬は一面白銀の世界が広がり、夏は鮮やかな緑に包まれ、四季によってまるっきり表情が変わるのも魅力です。移ろう季節とともに、ひとりでじっくり"作品"に浸ってみませんか？

北海道立近代美術館

北海道立近代美術館

1977年に開館し、北海道の近現代美術を中心に約6,000点以上の作品を収蔵する美術館。北海道の風土や歴史を題材にした作品群が充実し、緑豊かな木々に囲まれた佇まいも印象的。2階のロビーの大きな窓からは前庭を望むことができ、そこに点在する彫刻作品も見どころのひとつです。

「天秘」安田侃

シンボルマークの螺旋階段

彫刻「嵐の中の母子像」本郷新

ひとりeye
"作品"は最後まで味わい尽くしたい

この空間の全てが"作品"だと思っていて、ひとりでじっくり堪能したい場所。その中でも、私が最も心惹かれるのが2階のロビー。全て見終わった後、大きな窓の前の椅子に腰掛けて、絵画のように広がる緑を独り占めにして、展示の余韻に浸る時間が幸せです。ここに置かれている安田侃の「天秘」の、吸い込まれそうな美しさといったら。私は夏に伺いましたが、冬の雪景色に溶け込む姿も、想像するだけでうっとりしてしまいます。

Data
- 北海道札幌市中央区北1条西17丁目
- 011-644-6881
- 9:30-17:00　※入場は16:30まで
- 月曜、年末年始、展示替え期間等

「のんびり貝」三岸好太郎／1934年（昭和9年）

北海道立 三岸好太郎美術館

札幌出身の画家・三岸好太郎の作品を収集し、展示する個人美術館。弱冠31歳でこの世を去った画家の生涯にわたる代表作を、所蔵品展や特別展で目にすることができます。建物は、晩年に三岸が構想したアトリエをイメージした設計。緑に囲まれた開放的な空間の中で"三岸の世界観"に浸れます。

 偶然の出会いに導かれ夢幻の世界へ

この美術館を訪れたきっかけは、偶然立ち寄った「北菓楼 札幌本館」で「貝殻と蝶（三岸好太郎）」という作品を目にしたことでした。この場所がかつて「北海道立三岸好太郎美術館」だったことから、彼の作品を展示していたのです。私はすっかり心を奪われ、すぐさま美術館の現在の場所を検索。急遽予定を変更して訪れ、夢幻的な作品の数々に時間を忘れるほど没頭しました。こんな偶然の出会いこそ、ひとり旅ならではの醍醐味かもしれません。

Data
- 北海道札幌市中央区北2条西15丁目
- 011-644-8901
- 9:30-17:00※入場は16:30まで
- 年末年始、展示替え期間

浸る旅 ── 第二章

北海道大学 札幌キャンパス

1876年、札幌農学校として開校した北海道大学。広大な札幌キャンパスにある、北海道の開拓と近代化を担った歴史を今に伝える建造物群は圧巻です。札幌農学校第2農場は、国の重要文化財にも指定されています。

開拓の物語を味わう建築散歩を

"開拓時代"の物語に耳を傾けながら、築100年以上経つ今なお美しいレンガや木造の建築を眺めて、キャンパスを一巡り。冬に訪れたら、雪景色の中で建物が映えていて、静けさとともにその趣も味わうことができました。ただ、冬場はどうしても足場が悪くなるので、滑りにくい靴は忘れずに。ゆっくり歩きましょう。

札幌農学校第2農場（左）総合博物館（右）

Data
- 北海道札幌市北区北8条西5丁目
- 011-716-2111（代表）
- 散策自由（各施設ごとの営業時間等は公式ウェブサイトをチェック）※一部立ち入り禁止区域あり

北海道大学 植物園

1886年に開園された植物園。園内には、北海道の自生植物を中心に約4,000種類もの植物が生育されています。現役の博物館建築として日本最古である「博物館本館」をはじめ、点在する歴史的建造物も見どころです。

ひとりでほっと一息、自然の中で憩いたい

少し疲れたら、自然を求め癒やされに行きたいスポットです。札幌中心部に位置し、気軽に行けるのが嬉しいポイント。園内を歩いているだけで、自然と心が和みます。「博物館本館」は、建物はもちろん、剥製や標本の展示の美しさにもうっとり。時間をかけて堪能してください。

博物館本館の外観（上）内観（下）

Data
- 北海道札幌市中央区北3条西8丁目
- 011-221-0066　4/29-9/30 9:00-16:30、10/1-11/3 9:00-16:00（入園は閉館30分前まで）
- 夏期は月曜、冬期(11/4～4/28)は全館閉園

本郷新記念札幌彫刻美術館

緑豊かな住宅街の一角に佇む、札幌が生んだ彫刻家・本郷新の作品を展示する専門美術館。本館に隣接する、かつて本郷がアトリエ・ギャラリーとして建てた邸宅も、記念館として公開されています。

"特等席"で見る絶景にうっとり

一つひとつの彫刻作品から溢れる力強さ、エネルギーに、魂を奪われるほど圧倒されました。特にお気に入りの場所は、記念館の2階。本郷自身も愛したという市街の眺望と、作品たちを、彼が生前愛用していた椅子に腰掛けながらゆっくりと味わうことができました。時間を忘れて、その景色に見惚れて、ああひとりで来て良かったなと思いました。

Data
- 北海道札幌市中央区宮の森4条12丁目
- 011-642-5709
- 10:00-17:00
- 月曜（祝日の場合は翌日）、年末年始

モエレ沼公園

ゴミ処理場の跡地に作られた、彫刻家のイサム・ノグチによるアートパーク。敷地全体を彫刻作品として捉え、「ガラスのピラミッド」や「プレイマウンテン」など、大地と一体化した作品が点在しています。

サイクリングで、風を切って巡りたい

約189ヘクタールの広大な"作品"の中を、風を切ってサイクリングするのがとても気持ち良かったです。純粋にはしゃいでいる子どもたちを見て、ノグチ氏が今この姿を見たらどんなに喜ぶだろうと思いを巡らせました。また、広いがゆえに、ひとりポツンと佇んでいるように感じる瞬間があって、作品と私だけの特別な時間も味わうことができました。

Data
- 北海道札幌市東区モエレ沼公園1-1
- 011-790-1231
- 7:00-22:00
- 無休 ※園内各施設は定休日あり

第二章 浸る旅

まだまだ浸れる 札幌 のひとりスポット

北海道知事公館

外観に一目惚れしたのですが、圧巻の天井高を誇る内観や、庭園の野外彫刻も必見。近代美術館の隣にあります。

Data
📍北海道札幌市中央区北1条西16丁目 📞011-611-4221 🕘9:00～17:00 土曜、日曜、祝日、年末年始、※公務等使用時は見学不可

豊平館

外観の「ウルトラ・マリンブルー」の色が目を惹く建物。中島公園内にあるので、公園散策の途中にぜひ立ち寄りたい場所です。

Data
📍北海道札幌市中央区中島公園1番20号 📞011-211-1951 🕘9:00-17:00（最終入館16:30）第2火曜、年末年始

AOAO SAPPORO

ひとり旅だと時間を持て余しがちな夜に訪れたい、大人の水族館。くらげを眺めながら、お酒を一杯なんてことも叶います。

Data
📍北海道札幌市中央区南2条西3丁目20 📞011-212-1316 🕘10:00-22:00（最終入館21:00）なし

札幌グランドホテル

1934年に開業された北海道初の本格的洋式ホテル。ドアのすずらん柄の陶板など、所々に昔の意匠が残っていて心躍ります。

Data
📍北海道札幌市中央区北1条西4丁目 📞011-261-3311 チェックイン15:00、チェックアウト11:00 なし

GRIS

「ここの予約が取れたら、札幌に行こう」と思える料理店。いつも夢のような、いや夢そのものを見させていただいております。

Data
📍北海道札幌市中央区南2条西8-5-4 4F 📞011-206-8448 🕘15:00-22:00 不定休

chiba house

自家焙煎のコーヒーとお酒も楽しめるカフェ。ヴィンテージオーディオから流れる音楽とともに、静かなひとり時間を過ごせます。

Data
📍北海道札幌市中央区北3西12-2-1 📞011-206-8853 🕘12:00-20:00（日曜は18:00まで）月曜＋不定休

"おんせん県"で
ふらっと、
アートな街歩きを

（ ひとりアート・建築旅 ）

大分（大分県）

　大分は、実はアートな街なんです。街を代表する県立と市立の美術館は、ともに開放感があり、アクセスの良さも含め、ふらっと立ち寄りやすいのが魅力。賑やかな商店街もあるので、アートと街歩きの両方をマイペースに楽しめます。

大分市美術館

上野丘子どものもり公園の高台に位置する美術館。設計したのは、東京の世田谷美術館を手がけた建築家・内井昭蔵。周囲の環境を活かした建築が特徴で、館内からは美しい公園の緑や、高崎山や由布岳など名峰を望むことができます。常設展には大分ゆかりの作家の作品が並び、鑑賞を通して大分の美しさを感じられる場所です。

彫刻「アシュリー」朝倉響子／2001年

「No.309 朝陽」宇治山哲平／1973年

 心地良い空間で、作品に没入

バスを降りた瞬間に、「ああ、ここに来て良かった」と思いました。空気がとても気持ち良い。館内にいても、外とシームレスにつながっている感覚があって、そこに佇んでいるだけで癒やされました。そして、そういう環境だからこそ、作品とじっくり向き合える。すっと自然に、引き込まれました。丸や三角を用いる抽象画が印象的な日田市出身の洋画家・宇治山哲平など、素敵なアーティストとの出会いも多く、終始心躍る時間でした。

Data
- 大分県大分市大字上野865番地
- 097-554-5800
- 10:00-18:00(最終入館17:30)
- 月曜、年末年始等

3階屋外展示作品「天庭」

大分県立美術館

世界に名を馳せる建築家、坂 茂が設計を手掛け、2015年にオープン。大分の伝統工芸である竹工芸をイメージした、温かみのある外観とガラス張りの開放的な空間で、誰もが親しみやすい美術館となっています。

 ひとり旅の締めに、夜の美術館

元々、坂さんの建築が好きで、この空間に静かに浸りたかったので、金曜の18時頃にお邪魔しました。おそらく日中より人が少なく、何度もエスカレーターを行き来して隈なく館内を散策できて、本当に贅沢な時間でした。企画展も夜の雰囲気が相まって落ち着いて鑑賞でき、満足感もひとしお。ひとり旅での夜の美術館、ハマりそうです！

Data
- 大分県大分市寿町2番1号
- 097-533-4500
- 10:00-19:00（最終入館18:30／金曜、土曜は1時間延長）原則無休

民芸の店 ぶんご

府内五番街商店街に、50年以上佇む民芸店。圧巻の品揃えを誇る大分の代表的な焼物・小鹿田焼を中心に、福岡の小石原焼や長崎の波佐見焼などの陶器、郷土玩具が所狭しと並んでいます。

 愛くるしい郷土玩具に囲まれて

小鹿田焼をはじめ、焼物の豊富な品揃えはもちろん魅力的ですが、私が最も心奪われたのは郷土玩具の数々でした。これまでさまざまな民藝店を巡ってきましたが、これほどまでに充実したラインナップは初めて。まるでミュージアムのよう！郷土玩具にまつわる、店主さんの愛の溢れるお話に聞き入り、ついつい長居してしまいました。

Data
- 大分県大分市府内五番街
- 097-532-6436
- 10:00-18:00
- 不定休

浸る旅 ── 第二章

まだまだ浸れる **大分** のひとりスポット

たかをや、
1920年創業の定食屋。大分出身の地元愛にあふれる友人に教えてもらいました。間違いない、いいお店でした。

 Data
- 🏠 大分県大分市中央町1-5-26
- 📞 097-532-2369 🕐 11:00-15:00、17:00-20:30 📅 月曜

五車堂
カラフルでポップな外観に一際目を引く洋食店。帰り際にサンドイッチをテイクアウトしました。この箱がまた可愛いのです。

Data
- 🏠 大分県大分市中央町2-3-15
- 📞 097-532-2240 🕐 11:00-21:00（L.O. 20:40）
- 📅 元日のみ

吉野鶏めし
大分を代表する郷土料理のひとつ。甘く煮た鶏肉の出汁がごはんに染み渡ったおにぎりは絶品。車窓の景色とともにいただきました。

▼HP

 Data
- 🏠 大分駅や別府駅などにて販売中
- 📞 097-595-0332 ※ガイダンス対応「1」を選択 📅 不定休

JR九州ホテル ブラッサム大分
「ななつ星in九州」のデザイナー・水戸岡鋭治氏が内装を手がけた上品でクラシカルな空間に心躍ります。JR大分駅直結で利便性も◎。

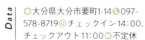

Data
- 🏠 大分県大分市要町1-14
- 📞 097-578-8719 🕐 チェックイン14:00、チェックアウト11:00 📅 不定休

大分からふらっとひと足のばすと…

別府（大分県）

 P.130へGO

驚くなかれ、大分駅から別府駅までは電車でわずか10分ほど！アートを楽しんだ後に、別府でひとり温泉を満喫するなんて贅沢なプランもラクラク叶います。それぞれ大分空港への空港バスもあるので帰りも安心。実は、車なしのひとり旅勢には心強いエリアです。

\ もっと! /
ひとりアート旅

この章に載せきれなかった、
これまでのひとり旅で訪れた
美術館の一覧です。
美術館から、ひとり旅の目的地を
決めるのもおすすめですよ。

碌山美術館

---

01 青森県立美術館

雪景色がここまで似合う美術館はほかにないかもしれません。冬の静けさに包まれながら作品と向き合う時間は、格別です。

Data
- 青森県青森市安田字近野185
- 017-783-3000 ⓗ 9:30-17:00（最終入館16:30）休 第二・四月曜、年末年始等

02 十和田市現代美術館

常設作品が名作揃いで素晴らしく、現代アートがぐっと身近に感じられました。そして、ここも雪景色との調和が美しい！

作品名：インゲス・イデー《アンノウン・マス》

Data
- 青森県十和田市西二番町10-9
- 0176-20-1127 ⓗ 9:00-17:00（最終入館16:30）休 月曜、年末年始等

---

03 水戸芸術館

音楽・演劇・美術の複合文化施設。現代美術ギャラリーの独創的な企画展が魅力で、一度訪れると次回が待ち遠しくなります。

Data
- 茨城県水戸市五軒町1-6-8
- 029-227-8111 ⓗ 9:30-18:00 休 月曜、年末年始等

04 ポーラ美術館

箱根の国立公園内にあり、自然の中でアートに触れることができます。森の遊歩道は、ひとりでのんびり歩くと気持ちいいです。

Data
- 神奈川県足柄下郡箱根町仙石原小塚山1285
- 0460-84-2111 ⓗ 9:00-17:00（最終入館16:30）休 会期中無休

浸る旅 ― 第二章

軽井沢千住博美術館

もとの地形の傾斜を活かした建築で、軽井沢の森を散策するように作品が鑑賞できます。ひとりでゆっくりお散歩してみてください。

Data ⊙長野県北佐久郡軽井沢町長倉815 ☎0267-46-6565 ⊙9:30-17:00（最終入館16:30）⊙火曜、冬期休館12/26-2月末

脇田美術館

隣接するアトリエ山荘は、洋画家・脇田和の友人である吉村順三の設計。中庭で山荘を眺めてのんびりする時間が至福です。

Data ⊙長野県北佐久郡軽井沢町旧道1570-4 ☎0267-42-2639 ⊙10:00-17:00 ⊙開館中無休（6月上旬-11月中旬）

碌山美術館

日本近代彫刻の父・荻原守衛の美術館。彼の歩んだ数奇な運命を知ると、作品と向き合う時間がより味わい深く感じられます。

Data ⊙長野県安曇野市穂高5095-1 ☎0263-82-2094 ⊙3月-10月9:00-17:10、11月-2月9:00-16:10 ⊙月曜（5月-10月は無休）、年末年始等

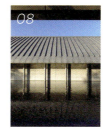

佐川美術館

水庭に浮かぶように佇む姿は、まるで神殿のよう。水面の揺らぎや、光に反射したその影も作品の一部として楽しめます。

Data ⊙滋賀県守山市水保町北川2891 ☎077-585-7800 ⊙9:30-17:00（最終入館16:30）⊙月曜、年末年始、メンテナンス休館等 ※要WEB予約

藤田美術館

東洋古美術の貴重なコレクションを収蔵。一連の展示室の流れが美しい物語を見ているような構成で、心打たれます。

Data ⊙大阪府大阪市都島区網島町10番32号 ☎06-6351-0582 ⊙10:00-18:00 ⊙12/29-1/5

兵庫県立美術館

安藤忠雄による設計で、阪神・淡路大震災の復興のシンボルとして開館。巨大迷路のような館内は、歩くだけでワクワクします。

Data ⊙兵庫県神戸市中央区脇浜海岸通1-1-1 ☎078-262-1011 ⊙10:00-18:00（最終入場17:30）⊙月曜、年末年始、メンテナンス休館等

岩手銀行赤レンガ館

浸る旅——

第二章

ひとりレトロ旅

目を凝らし、想いを馳せて味わう

　私がレトロなものに惹かれるようになったのは、ヴィンテージの衣類に目覚めたのがきっかけでした。そこから純喫茶を巡るようになり、やがてクラシックホテルや老舗旅館にまで興味が広がり……。画一的ではない、時代を映す独特なデザインや手書きのフォントに、無性に愛おしさを感じるようになりました。

　そんな私が愛する古き良きものは、細部に美しさが宿っていて、だからこそひとりでじっくり眺めたくなります。しばらく観察していると、ふと作り手の遊び心に気付くことがあり、そのたびに心がときめいて。また、そこに紡がれた歴史を感じ、思いを馳せることができるのも、ひとりならではの贅沢だなと思います。

　ありがたいことに、私の"レトロ欲"を満たしてくれる場所は、日本各地に点在しています。それも、街の中にぽつんとレトロな一角が残るだけでなく、街全体として情緒ある街並みを守ろうとする地域が多くあることに、旅を重ねる中で気づきました。

　この章の後半では、時代の息吹を感じられるレトロな建物や街並みを、ひとりならではの味わい方とともにご紹介します。

71

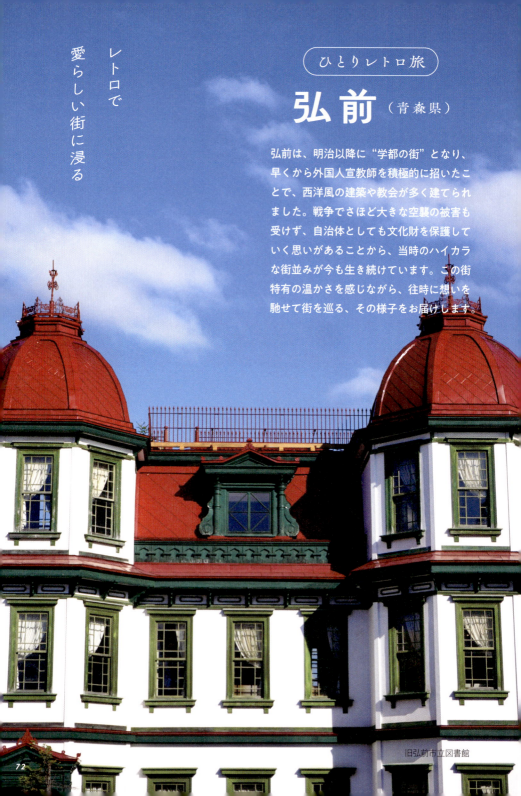

レトロで愛らしい街に浸る

> ひとりレトロ旅

弘前（青森県）

弘前は、明治以降に"学都の街"となり、早くから外国人宣教師を積極的に招いたことで、西洋風の建築や教会が多く建てられました。戦争でさほど大きな空襲の被害も受けず、自治体としても文化財を保護していく思いがあることから、当時のハイカラな街並みが今も生き続けています。この街特有の温かさを感じながら、往時に想いを馳せて街を巡る、その様子をお届けします。

旧弘前市立図書館

浸る旅

第二章

旧藤田家別邸
洋館

1921年に竣工した洋館。実業家・藤田謙一の別邸として建てられ、弘前で多くの洋館建築を手掛けた堀江佐吉の子どもたちが設計しました。弘前城の近くにあることを意識したと言われている威厳のある門構えとは対照的に、建物の中は大正ロマン溢れる可愛らしい世界が広がっています。

 憧れのサンルームで
夢見心地なカフェタイム

私が最も心惹かれたのが、「大正浪漫喫茶室」として開放されているサンルーム。各地の洋館を巡るたびに、「展示されているサンルームで、お茶ができたら」と夢見ていたので、念願が叶いました。ひとりでレトロなタイルの床やミントグリーンの窓枠、差し込む光にうっとりと見入って……。夢心地で、サクサクのアップルパイとコーヒーを楽しみました。

Data
- 青森県弘前市大字上白銀町8-1
- 0172-37-5690
- 9:30-16:30 なし

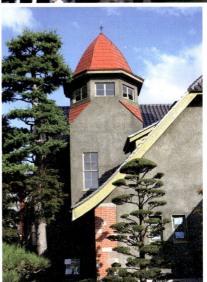

73

ステンドグラス「青の時間」
原画・監修：佐野ぬい
企画：日本交通文化協会

弘前市民会館／喫茶室baton

弘前の建築と言えば、忘れてはならないのが巨匠・前川國男の作品たち。前川の母が弘前藩士の娘であったこともあり、この地にはデビュー作から晩年の作品まで残されています。1964年に建てられた、「弘前市民会館」もそのひとつ。吹き抜けが印象的なホールの上には「喫茶室baton」があります。

ひとりeye
ひとり喫茶で、
名建築を嗜む

ただ建築を眺めるだけでなく、椅子に腰掛けてドリンクを片手にゆったり味わえるのが素晴らしいポイント。私は、吹き抜け側の席に腰掛けて、星空をイメージしたという美しい群青色の天井と照明を、しばし時間を忘れて眺めました。弘前市出身の洋画家・佐野ぬいが原画を描き下ろしたステンドグラス「青の時間」も美しく、下を覗けば、モダニズム建築でよく見られる原色を用いた椅子も。細部までじっくり堪能できます。

Data
📍青森県弘前市下白銀町1-6（喫茶室batonは管理棟M2F）　📞0172-88-8928
🕐11:00-17:00
📅第三月曜（祝日の場合は翌日）

PPP

長年空き家だった明治期の洋風建築を活かしてできた家具店。もとは「杉山醫院」という医院で、かつての診察室や待合室に、北欧・ヨーロッパのヴィンテージ家具が並びます。照明やテーブルウェア、花瓶などの雑貨も充実しており、ゆっくり回りたいお店です。

ひとりeye
ひとりだから、心ゆくまで宝探し

ここでは、"わたし"だけのとっておきの宝探しを。私は一目惚れした、スリップウェアのようなデザインの木製の小物入れと、北欧では珍しいふくろうの笛を購入しました。店主の石田さんから楽しいお話を伺いながら宝探しに没頭し、気が付けば空港行きのバスに危うく乗り遅れそうになったのも、今となってはいい思い出です（笑）。ひとりで心ゆくまで素敵なものたちとの出会いを楽しめました。

Data
- 青森県弘前市百石町小路3
- 923info@gmail.com
- 14:00-16:00
- 火曜

自宅で撮影した購入品

名曲&珈琲 ひまわり

1959年の開業以来、この地で65年以上愛され続ける喫茶店。東京から建築家を招いて設計したというこだわりの空間は、ロフト2階の吹き抜けやタイルのデザインなど、随所にセンスが光ります。

 いつまでもクラシカルな空間に酔いしれたい

クラシック音楽が流れる中、この素敵な空間に酔いしれる時間が幸せでした。ロフト階から見える照明と味のある壁の"わたしだけの絶景"を見つけて、胸が高鳴ったりして……。店主さんにこの感動をお伝えすると、こだわって設計されたお話が伺えて、ますますこの場所が好きになりました。願わくば、ずっとここにあり続けてほしいと思っています。

Data
- 青森県弘前市坂本町2
- 0172-35-4051
- 11:00-18:00 (L.O. 17:30)
- 木曜

戸田うちわ餅店

創業120年以上、弘前市民だけでなく全国からもお客さんが押し寄せる人気の老舗餅店。名物の「うちわ餅」は、特製の黒胡麻のタレが、これでもか！というくらいたっぷり絡んだ濃厚な逸品です。

 「あの、"おかわり"お願いします！」

最初に1本だけ「うちわ餅」を購入し、店先でさっと食べてみたら、想像を上回るおいしさに大興奮。すぐに"おかわり"を申し出て、お持ち帰りすることに。誰かと一緒だったら恥ずかしくて躊躇したかもしれませんが、こんな風に自分の気持ちに正直でいられるのも、ひとり旅のいいところ。次は最初から5本買おうと思います。

うちわ餅(左)、黒蜜だれの串餅(右)

Data
- 青森県弘前市銅屋町21
- 0172-32-7698
- 9:00-18:00
- 月曜

浸る旅 ── 第二章

まだまだ浸れる 弘前 のひとりスポット

旧第五十九銀行 本店本館

重厚感溢れるルネサンス風建築で、圧巻の美しさ。私のお気に入りは、ロイヤルブルーの天井が目を惹く、2階の一室です。

Data
- 青森県弘前市大字元長町26
- 0172-82-1642（文化財課）
- 9:30-16:30 火曜

弘前れんが倉庫美術館

約100年前に建てられた、レンガ造りの建物を改修した現代美術館。光と影が織りなすレンガの壁面の美しさと言ったら。

Data
- 青森県弘前市吉野町2-1
- 0172-32-8950
- 9:00-17:00 火曜日、年末年始等

虹のマート

約70年にわたって、地元で愛されてきた市場。ローカルの雰囲気を感じながら、買ったものを組み合わせてランチする時間が幸せ。

Data
- 青森県弘前市駅前町12-1
- 0172-32-6411
- 8:00-18:00
- 日曜

松ノ木

店構えから"味"を感じて、入ってみて大正解！お店の方も優しく、どれを食べても絶品。写真は、弘前名物の真っ赤なウインナー。

Data
- 青森県弘前市駅前町13-1
- 0172-34-2521
- 17:00-24:00
- 日曜

小山せんべい 大浦町本店

創業70年あまり、元祖津軽路手焼きせんべいの店。歯応えたっぷりの「ピスタチオせんべい」が、私のお気に入りです。

Data
- 青森県弘前市大浦町5-3
- http://www.oyamasenbei.com/
- 9:00-17:30 年中無休

銀水食堂

ノスタルジーが溢れる大衆食堂。この外観がいい！お昼時は地元の人が次から次へと入ってきて、愛されているのがよくわかりました。

Data
- 青森県弘前市新鍛冶町15-2
- 0172-36-1045
- 11:00-16:00
- 水曜

"わたしの イーハトーブ" を求めて

ひとりレトロ旅

盛岡 (岩手県)

岩手の地で生まれ育った宮沢賢治が生み出した、"イーハトーブ＝理想郷"という言葉。盛岡を歩いていると、住んでいる人たちが各々この街を"イーハトーブ"だと感じているような気がしました。そして私がひとり旅で味わう感覚に、なんだか似ているかもと。たとえば、誰もが絶景と認める場所でなくても、ふと「なんて美しいんだろう」と、"わたしだけの絶景"との出会いに満たされるような……。そんな風に勝手に共感しながら、この街を歩きました。

光原社本店

宮沢賢治の童話集『注文の多い料理店』を刊行した出版社。後に、柳宗悦らの指導のもと、全国の民藝品を扱う工芸店となり、現在の姿に。敷地内には、「新館・旧館」のほか、宮沢の初版本とともに、柚木沙弥郎の型染絵などが常設展示される「マヂエル館」や、喫茶店の「可否館」も建ち並びます。

光原社の中庭

マヂエル館(上)、可否館(左)、お土産(右)

ひとりeye
じっくり、じっくり惹かれて

民藝を好きになった私にとっての、憧れの地。足を踏み入れてすぐに、ああこの場所こそ、まさに私にとっての"イーハトーブ"だと思いました。ひとりだからこそ目を凝らして、民藝品と向き合うのはもちろん、この施設全体を、じっくり時間をかけて味わうことができました。自分の好きを言葉にするのは難しいと常々思っているのですが、ここで紡がれた物語の全てに惹かれている、そんな感覚でした。

Data
- 岩手県盛岡市材木町2-18
- 019-622-2894
- 10:00-17:30(可否館は17:00まで)
- 毎月15日(土日祝の場合は翌日)

岩手銀行赤レンガ館

東京駅を手がけた辰野金吾らの設計で、1911年に盛岡銀行本店として建てられました。東北に残る唯一の辰野の作品で、ドーム状の屋根や、白色の花崗岩をアクセントにした外壁の赤レンガなど、典型的な"辰野式"のデザインが見られます。2016年より一般公開され、細部まで見学できるようになりました。

時間を忘れて、眺めていたい

東京駅を彷彿させる優美な外観から圧巻ですが、中に入るとさらにびっくり。めまいがするほど華やかな意匠の数々に、魅了されました。「時間を忘れて」とはよく言いますが、建物の規模がさほど大きいわけではないにもかかわらず、気が付けば2時間を超える滞在に。誰かと一緒だったら、こんなにじっくり見入ることはできなかったと思うので、ひとりで来られて良かったなと思いました。

Data
- 岩手県盛岡市中ノ橋通1-2-20
- 019-622-1236
- 10:00-17:00（最終入館16:30）
- 火曜、年末年始

パァク

櫻山神社のほど近くにある、1969年創業の老舗喫茶店。店名に「公園（Park）のように、みんなの憩いの場になれば」という思いが込められた通り、常に多くの地元民が集い、愛されるお店です。

なんて、愛おしい喫茶店なのだろう

窓際の席に着いた瞬間から、もうときめきっぱなし。クリーム色の机、ミント色の壁、ふわっと差し込む陽光……。目の前に映るもの全てを抱きしめたくなるほど愛おしい空間でした。お店にいらしていた地元の方とスタッフさんの何気ないやり取りにも和み、穏やかな気持ちで過ごせました。

カントリートーストセット

Data
- 岩手県盛岡市内丸4-6
- 019-651-4584
- 9:30-16:00
- 第一・三木曜、日曜

羅針盤

閉店した老舗喫茶店「六分儀」を引き継ぎ、面影を残す形でオープンした喫茶店。シャンソン（フランス歌謡）のレコードがかかり、かつての面影が残る店内で、おいしいコーヒーと自家製チョコレートがいただけます。

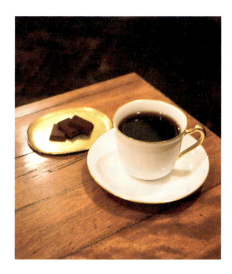

ひとりだけど、ひとりじゃない

心地良い音楽が流れる中で、コーヒーと、それに合わせたチョコレートをゆったりと味わう至福の時間を過ごせました。店内に置かれた本を手に取って読んだのも、思い出に残っています。私と同じように、ひとり時間を過ごす方々も多くいて、この時間を静かに共有できているような気がして、心からほっとできました。

Data
- 岩手県盛岡市中ノ橋通1-4-15
- 019-681-8561
- 10:00-17:00（L.O. 16:30／土日祝は9:00から） 月曜

北ホテル 盛岡

1981年創業の、盛岡の中心にひっそりと佇むホテル。創業者で彫刻家の菊池政美が、フランス映画の舞台にもなってパリで愛された「Hotel du Nord（北ホテル）」に憧れて名付けられました。2019年にリニューアルされましたが、今も創業時の面影を残しています。

エレベーターのフロアマット

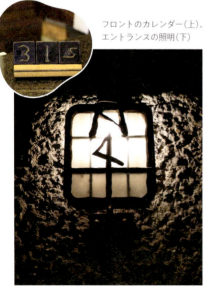

フロントのカレンダー（上）、エントランスの照明（下）

旅の拠点は、"盛岡"を感じるホテルで

さりげないところに繊細な美意識が見え隠れして、盛岡らしいなと感じました。たとえば、盛岡にゆかりある画家・書家である高橋忠弥が手がけたホテルのロゴ。エレベーターのフロアマットや、エントランスの照明の意匠にそのロゴがあしらわれていて、ホテルを行き来するたびに見惚れてしまいました。フロントに置かれている"カレンダー"も、どうかお見逃しなく。

Data
- 岩手県盛岡市内丸17-45
- 019-625-2711
- チェックイン15:00、チェックアウト10:00
- なし

まだまだ浸れる **盛岡** のひとりスポット

浸る旅 ── 第二章

岩手県立美術館

岩手ゆかりの作家のコレクション展も建築も素晴らしく、「私はやっぱりこの街が好きなんだな」と再確認できるような場所でした。

Data
- 岩手県盛岡市本宮字松幅12-3
- 019-658-1711
- 9:30-18:00（最終入館17:30）
- 月曜、年末年始等

BOOKNERD

盛岡ひとり旅の始まりに"旅の一冊"を求めて訪れたい本屋さん。2024年11月、「北ホテル」のそばに移転しました。写真は旧店舗。

Data
- 岩手県盛岡市内丸16-16（移転先）
- https://www.instagram.com/booknerdmorioka/
- 11:00-17:00（ドリンクL.O.16:30）
- 火曜、水曜

吉浜食堂

カウンター席があり、ひとりで入りやすい酒場。置かれている本のセレクトが素敵で、読みながら料理を待つ時間もまた幸せでした。

Data
- 岩手県盛岡市開運橋通り5-6
- 019-613-9715
- 18:00-L.O.21:00
- 日曜、月曜、不定休あり

白龍 本店

昼間は大行列なので、夜にひっそりとひとりで。自分好みに味を調整しつつ、締めの「ちいたんたん」までおいしくいただきました。

Data
- 岩手県盛岡市内丸5-15
- 019-624-2247
- 月曜-土曜9:00-L.O.20:45、日曜11:30-L.O.16:00
- 時々日曜

そば処東家 本店

テーブル席に、なんと"おひとり席"がありました！ わんこそばが有名ですが、ダシが効いた特製カツ丼も絶品なのでぜひお試しを。

Data
- 岩手県盛岡市中ノ橋通1-8-3
- 0120-733-130
- 11:00-15:00、17:00-19:00（わんこそばL.O.18:30）
- 第一水曜

盛岡の風景

ただ、古き良き建物が残っているだけではない"盛岡らしい"街並みが、そこかしこに広がっています。ああ、いい街だな。

ひとりレトロ旅

小田原（神奈川県）

正直なところ、それまで小田原は旅の「通過地点」でした。箱根や熱海へ行く際、何度も通っているはずなのに、なぜかじっくり滞在したことがなくて。でも訪れてみると、歴史を感じる情緒ある街並みに魅了され、どうして今まで素通りしていたのだろうと後悔しました。城下町として栄えた江戸時代、文豪たちがこぞって別邸を構えた明治時代。往時の景色や空気が今も残る街を、ノスタルジックな気分で散歩してみませんか？

"通過地点" だった街を、歩いてみたら

小田原城と周辺の街並み

浸る旅 ── 第二章

"看板猫" ゴロ吉

RYOKAN PLUM

1922年に地元のガス会社創業家の民家として建てられた古民家を改修してオープン。小田原の魅力を再発見できるお宿として、国内外のゲストを迎え入れています。

ひとりeye

"わたし"らしい街歩きは、ここから

もともと小田原を訪れたのは、拙著『おひとりホテルガイド』で文筆家の甲斐みのりさんが紹介してくださったことがきっかけでした。それを読んで、私もここに泊まって街歩きをしてみたい！と思ったのです。実際に泊まってみて、大正解。のびのびとマイペースに街歩きを楽しめたのはもちろん、帰ってきてお部屋の畳の上でごろんと寝転がる時間も幸せでした。

Data
- 神奈川県小田原市栄町1-19-14
- https://ryokanplum.jp/
- チェックイン 16:00、チェックアウト 11:00

梅月食堂

1951年創業の、地元に愛される揚げ物・惣菜屋さん。現在はテイクアウトのみの営業で、揚げたてのとんかつや串カツなどをいただくことができます。

ハムカツ

ひとりeye

時には、"わたし"の嗅覚を信じて

「RYOKAN PLUM」の近所を散歩していたところ、趣あるお店の風貌に一目惚れ。これは絶対おいしいに違いないという確信があって、大好きなハムカツをいただいたのですが、今まで食べた中で一番おいしいハムカツでした！食事系は特に、事前に調べることが多い私ですが、時にはこうやって自分の直感を信じてみるのもいいですね。これぞ、ひとり旅の醍醐味！

Data
- 神奈川県小田原市本町2-2-20
- 0465-22-2988
- 11:30-18:00
- 土曜、日曜、祝日

小田原文学館

小田原にゆかりのある文学者たちの自筆原稿や遺品などを展示する、市立の文学館。建物は、もともと元宮内大臣・田中光顕の別邸で、スパニッシュ瓦葺きの洋風建築が印象的な佇まいです。

"わたし"だけの避暑地、見っけ

展示物から作家たちの生涯が垣間見えて、ひとりで想像しながら巡るのが楽しかったです。お気に入りのスペースは、3階の休憩室。たまたま私しかおらず、風がふわっと吹き抜けた瞬間、童話の世界に迷い込んだかのような不思議な気持ちになりました。夏の気配が近づく季節でしたが、なんだか涼しさすら覚えて。また、ここに涼みに来たいです。

Data
- 神奈川県小田原市南町2-3-4
- 0465-22-9881
- 3月-10月 10:00-17:00（最終入館16:30）、11月-2月 10:00-16:30（最終入館16:00）
- 月曜、年末年始

南十字

2022年にオープンした、街の小さな本屋さん。新刊や古本、zineまで幅広いラインナップの本が並ぶ店内にはカフェスペースもあり、コーヒーを飲みながら本の世界に浸れます。

文学館の後に、読書欲を満たして

「小田原文学館」で"読書欲"が高まった後に訪れました。全ての本が目に留まるような陳列で、じっくり一つひとつのタイトルを見入ってしまいました。そんな中、私が手に取ったのは「鬱の本」。誰もが抱える"しんどい時"をテーマにした内容ですが、読んでいるとなぜかスカッとするような、不思議な感覚を味わえる一冊でした。

Data
- 神奈川県小田原市南町2-1-58
- https://minamijujibooks.com/
- 公式HPよりチェック
- 公式HPよりチェック

浸る旅——第二章

だるま料理店

1893年創業の日本料理店。二代目がブリの大漁で得た資金で再建した、社寺を思わせる唐破風入母屋造りの建物は、国の登録有形文化財にも指定。小田原の街並みを象徴する存在として、今も親しまれています。

ひとりeye　小田原名物をひとりで味わう

堂々たる門構えに圧倒され、怖気付きそうになりながらも足を踏み入れると、温かい空気に包まれてほっとひと安心。店内をぐるっと見渡すと、圧巻の格天井や美しい建具が飛び込んできて、いつもはちょっぴり退屈な待ち時間でさえ楽しめて。香り高いごま油で揚げられた名物の天丼も絶品で、勇気を出して入店して本当に良かったです。

Data
- 神奈川県小田原市本町2-1-30
- 0465-22-4128
- 11:00-21:00(L.O. 20:00)
- 水曜、年始等

うつわ菜の花

建築家・中村好文設計のギャラリー。のれんのデザインを手がける望月通陽ら、店主自らが惚れ込んだ作家の作品を中心に毎月個展を開催しています。

ひとりeye　ひとりで"感じたい"ギャラリー

お散歩中に、入り口ののれんに招かれるように中へ入りました。店内は、うつわの作品が空間に自然と馴染んでいて、その美しさに惚れ惚れ。中庭も魅力的で、時間を忘れてしまう居心地の良さでした。小田原駅の地下街には、系列のショップ「菜の花 暮らしの道具店」もあるので、ぜひあわせて訪れてみてください。

Data
- 神奈川県小田原市南町1-3-12
- 0465-24-7020
- 11:00-18:00
（企画開催時のみ営業）

87

Column 02

ひとり旅と、誰かとの旅の
"いい関係"

　私は、今みたいにひとり旅をする前、誰かと行く旅で"モヤッ"とする出来事が多発していました。相手とどんなに仲が良く、気心が知れていても、です。行った先でもっと滞在したかったのに、相手が飽きてしまって帰ることになったり、食べたいものが一致しなかったり。些細なことでも、大好きな人にどうして自分は"モヤッ"としてしまうんだろう？　そう思うと、誰かと旅をすること自体が、少し怖くなってしまいました。

　それがひとり旅を始めたら、なんとこの"モヤッ"が忽然と姿を消しました。"モヤッ"の正体は、自分の思うように旅ができなかったことを、ひとりなら満たすことができるとわかったからです。滞在したいと思った場所では、気が済むまでいればいい。好きな場所で、好きな時間に好きなものを食べていいし、帰りたければ帰っていい。自分の思いのままに旅をして、ひとりだからこその自由を謳歌しました。

　じゃあ、もう誰かと旅をする必要はなくなったかというと、そうではありませんでした。ひとりだからできる旅もあるけれど、同じように誰かがいるからこそできる旅もあることに気付いたのです。感動を共有し

たり、くだらないことでゲラゲラ笑い合ったり。それは、誰かがいないと叶いません。最近ではちょっとした衝突だって、ひとりではできっこないから、愛おしいとさえ感じるようになりました。これからも、ひとり旅と誰かとの旅、両方を大切にしたいです。

ぶらり旅

第三章

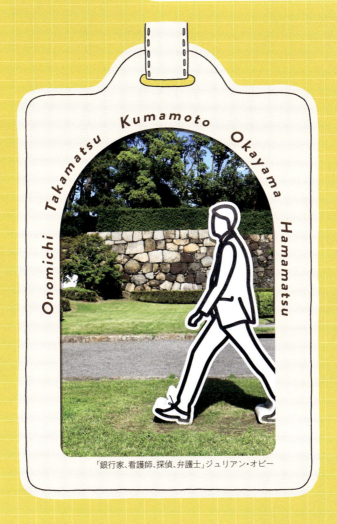

「銀行家、看護師、探偵、弁護士」ジュリアン・オピー

ひとりの時は、あまり予定を立てずに旅へ出ることもしばしば。歩いていて気になったお店に飛び込んだり、思いがけず長居をしたり。ひとり旅ならではの自由を謳歌しませんか？

ひとりぶらり旅

尾道（広島県）

美しいランドスケープを五感で感じる旅へ

尾道の街並み

「この街が好きだ」と"街への愛情"が芽生えたのは、尾道での旅が初めてだったかもしれません。一目惚れというよりかは、行くたびにじわじわと好きが増していって。

特に、この街の、どこか懐かしさも覚えるような美しい情景にはいつも心惹かれています。造船所から奏でられる金属音も、尾道水道の静かな波音も心地良くて、ひとりだからこそ五感で感じたい街です。

ぶらり旅 ── 第三章

本と音楽 紙片

本通り商店街から細い路地をくぐり抜けた先にある、音楽と本のお店。店名には、「誰かの心にそっと寄り添うような、ひとひらの紙切れのような場所でありたい」という願いが込められているそうです。

 ひとり旅の"相棒"を見つけて

もう何回も尾道ひとり旅をしていますが、ほぼ必ず、真っ先に立ち寄る場所です。静かな店内で自分の心に耳を傾けながら、旅をともにする一冊を選んで。その本を抱えて、時には喫茶店へ、時には尾道水道沿いのベンチへと、気ままなひとり散歩へ出かけます。このお店と出会ってから、旅先の本屋さんへ行くという新たなひとり旅の楽しみが増えました。

Data
- 広島県尾道市土堂2-4-9
- shihen.onomichi@gmail.com
- 11:00-18:00
- 木曜

尾道浪漫珈琲 本店

こちらも同じ商店街にある、レンガ壁のレトロな雰囲気が漂うコーヒー屋さん。地元の方も多くいらっしゃって、自家焙煎のおいしいコーヒーや名物のワッフルがいただけます。

 たまには、自分を甘やかすのもいい？

「紙片」のひとりeyeで書いた喫茶店は、こちらのこと。本を読んだり、ぼーっとしたり、とにかく心安らげる場所です。シンプルにバターとメープルシロップでいただく、プレーンのワッフルは大のお気に入り。どんなにお腹がいっぱいでもついつい注文してしまいます。自分の欲望に素直に従うのも、ひとり旅の醍醐味としておきましょうか。

Data
- 広島県尾道市十四日元町4-1
- 0848-37-6090
- 平日8:30-18:00
  (土日祝 8:00-18:30)
- 元日のみ

91

めん処 みやち

1945年創業の地元に愛される名店。平日でも、たびたび行列ができているのを目にします。名物は小エビの天ぷらがのった「天ぷら中華」というメニュー。ご夫婦で営まれていてお二人の人柄も、人気の理由です。

 ひとりだから、沁みる味

ご夫婦と顔見知りではないのですが、いつも家族のように出迎えてくれて、心が温まります。お食事を待つ間は、壁に貼られていた「みやち」への愛に溢れた地元の小学校の新聞記事を読んで、さらに胸がジーンと。そして、何より"おいしい"です。一度「天ぷら中華」の天ぷらを忘れられ、ご主人が慌てて持ってきたこともあって、それもいい思い出。

Data
- 広島県尾道市土堂1-6-22
- 0848-25-3550
- 11:00-16:00
- 水曜、木曜

笑空

細い路地にある、知る人ぞ知る隠れ家そば店。古民家の趣ある雰囲気の中で、季節に合わせたおいしいお蕎麦がいただけます。写真は、昨年6月にいただいた、辛味大根おろしと自家製納豆のお蕎麦。完全予約制です。

 ひとり旅で、出会えて良かった

夏の気配を感じる暑い日にいただいた時の、辛味大根おろしのピリッとした味わいの清涼感といったら！静かな店内で、じっくりと丁寧に味わえて幸せでした。店内のあちらこちらに飾られた郷土玩具を見つけるのも楽しくて、ご主人とは玩具を巡る旅の話で大盛り上がり。また行きたい理由が山ほどあって、次が待ち遠しいです。

Data
- 広島県尾道市土堂2-5-15
- https://www.instagram.com/osoba.esora/
- 11:00-15:00 (L.O. 14:30)
- 不定休

ぶらり旅 ── 第三章

茶立玄 山手

広島県の世羅郡に茶畑と茶工場「TEA FACTORY GEN」を持つ髙橋玄機さんがオーナーのお茶屋さん。こちらは、2023年に山手エリアにできた2店舗目で、尾道らしい風景とともにお茶をいただけます。

ひとりeye
尾道を感じながら、お茶とゆっくり深呼吸

坂道の途中にある古民家を改装していて、2階からは尾道らしい景色が眺められます。畳に座って、この景色を眺めながら、お茶と自分自身にゆっくりと向き合う時間。悩める時に、深呼吸しに行きたくなります。ちなみにお茶も絶品で、水出しのほうじ茶のティーバッグは、私が暑い夏を乗り切る"必需品"です。

Data
- 広島県尾道市東土堂町9-8
- hello@tea-factory-gen.com
- 10:00-18:00(中休みあり)
- 木曜、金曜

LOG

坂道の途中にある、昭和30年代のアパートメントを再生したホテルを擁する複合施設。インドの「スタジオ・ムンバイ」が設計を手がけ、当時の空気感を活かしつつ、この土地の情景をさらに美しく切り取っています。

ひとりeye
ここから始まる、私の"ひとり尾道旅"

「Lantern Onomichi Garden」の名前の通り尾道を灯す場所で、ここから見る景色が一番好きです。最近は毎年、自分の誕生日祝いで泊まるほど、私にとっては特別な場所に。そして決まってノープランで訪れるのですが、それでも尾道旅を満喫できているのは、この街の楽しみ方を教えてくれるスタッフさんたちのおかげです。

Data
- 広島県尾道市東土堂町11-12
- 0848-24-6669
- チェックイン15:00、チェックアウト11:00

尾道市役所

屋上の展望デッキから、尾道水道や街並みを一望できます。私は、よく地上2階のバルコニーのベンチに腰掛けて、テイクアウトしたごはんを食べたり、本を読んだりしています。人も少なく、静かに過ごせる憩いの場です。

Data
- 広島県尾道市久保1丁目15-1
- 0848-38-9111
- 8:30-17:15
- 土曜、日曜、祝日、年末年始

向島

尾道から、フェリーでわずか5分で到着する対岸の島。私は特に何をするわけでもなく、ここから尾道の全貌をぼーっと眺めるのが好きです。フェリーに乗船している時間もワクワクして、小旅行気分を味わえます。右の写真は向島から見た尾道の風景。

Data
- ◎おのみち渡し船　尾道（駅前）-向島（富浜）
- 往路乗り場：JR尾道駅前の東御所桟橋
- 0848-38-7761
- 6:00-22:10
- 年中無休、ただし天候不良の場合は運休

カンキツスタンドオレンジ

瀬戸田をはじめとする、しまなみの柑橘を専門に取り扱うジューススタンド。特に暑い夏は、この爽やかなジュースが沁みること！尾道駅の改札のそばにあるので、到着した時や帰る時によく立ち寄ります。

Data
- 広島県尾道市東御所町1-1
- https://www.instagram.com/kankitsustand_orange/
- 11:00-19:00（金曜、土曜は23:00まで）

ゆらゆらと
ひとあし
のばすと…

生口島 SOIL Setoda

尾道から船で40分ほどの、しまなみ海道の中心に位置する生口島。レモンの生産量が日本一で、収穫期の秋から翌年の春まで、島がレモンの香りに包まれます。2021年には、瀬戸田港のすぐそばに"街のリビングルーム"として複合施設「SOIL Setoda」がオープン。ますます盛り上がりを見せています。

生口島から見た風景

ひとりeye

ふらっと、"プチひとり島旅"へ

のんびりと気ままに過ごす、"ひとり島旅"へ。柑橘ジュースを片手に夕焼けを眺めたり、銭湯の帰り道に満天の星空を見上げたり、海風を切りながらサイクリングをしたり。これぞ、まさに"大人の夏休み"！身も心も疲れた時、充電する場所としてぴったりです。「SOIL Setoda」を中心にコンテンツが充実していて、暇を持て余す心配もありません。アクセスも良く、ひとり島旅デビューには特におすすめ。尾道から日帰りでも行けますよ。

Data
- ◎SOIL Setoda
- 📍広島県尾道市瀬戸田町瀬戸田257
- 📞0845-25-6511
- 🕐チェックイン16:00、チェックアウト11:00

「SOIL Setoda」の客室「Terrace Studio」(上)

ひとりぶらり旅
高松 (香川県)

"芸術の街"の日常に宿る美意識を感じて

※「民芸ペチカ」は2025年春移転予定。

高松港／「Liminal Air -core-」大巻伸嗣

"うどん県"で知られる香川県の県庁所在地・高松は、実は"芸術の街"。その礎を築いたのが、元県知事の金子正則です。戦後の復興期に、芸術こそが人々の活力となると信じ、名だたるアーティストを招聘するなどして、その仕事ぶりから"デザイン知事"と呼ばれていました。彼の思いは脈々と受け継がれ、今も街の至るところでそのセンスに魅了されます。ひとりでぶらぶらと、何気ない景色から街の美意識を感じてみてください。

ぶらり旅 ── 第三章

香川県庁舎東館

県庁舎東館は、巨匠・丹下健三が設計した名建築。高松へ来て最初にここを訪れた時、「庁舎の建物がこんなに素晴らしいなら、良い街に違いない」と確信しました。我を忘れて夢中で眺めていたい、美しい空間です。

Data
- 香川県高松市番町4-1-10
- 087-831-1111
- 8:30-17:15
- 土曜、日曜、祝日、年末年始

高松市立中央公園

高松市に由縁の深い彫刻家、イサム・ノグチの考案した遊具が園内に3基設置してあります。街にはこうしたパブリックアートが点在しているので、作品を目印に、寄り道しながらぶらぶらと歩くのもおすすめです。

Data
- 香川県高松市番町1-11
- 087-839-2494（公園緑地課）

「21世紀に贈るメッセージ」猪熊弦一郎

レクザムホール

高松のパブリックアートで特にお気に入りだったのが、「レクザムホール」にある猪熊弦一郎の作品。高松を巡る中で何度も猪熊さんの作品に魅せられて、最後にここを訪れました。こんな風に、自然と導かれるひとり旅が好きです。

Data
- 香川県高松市玉藻町9-10
- 087-823-3131
- 9：00-22：00
- 年中無休（ただし臨時休館あり）

ジョージ ナカシマ記念館

"木匠"のジョージ・ナカシマがその技術を認め、ともに家具製作をしてきた桜製作所が創業60周年を記念して設立。木と対話しながら作られたという家具に目を凝らしていたら、あっという間に時間が経っていました。

Data
- 香川県高松市牟礼町大町1132-1
- 087-870-1020
- 10:00-17:00
- 日曜、祝日

本屋ルヌガンガ

街の小さな本屋さん。ひとり高松旅の"相棒"となる一冊は、ぜひここで見つけてみてください。私は、店主の中村さんがSNSで更新している本の紹介ポストを見るたびに、また行きたくなってむずむずしています。

Data
- 香川県高松市亀井町11番地の13
- 087-837-4646
- 10:00-19:00
- 火曜

珈琲と本と音楽 半空

「高松に行くなら、ここへ」と色々な人におすすめされたのですが、行ってみてその理由がわかりました。これは、ひとりで浸りたい世界。偶然手に取った山下清の『ヨーロッパぶらりぶらり』が面白くて、良い夜になりました。

Data
- 香川県高松市瓦町1-10-18
- 087-861-3070
- 13:00-27:00
- 不定休

ぶらり旅 ―― 第三章

くつわ堂 総本店

1877年創業の老舗和菓子屋さん。2階の喫茶スペースには、猪熊弦一郎や李禹煥の絵画、「桜製作所」のチェアがさりげなく飾られ、さすがの高松らしいセンスが光ります。名物の「サバヨンクリーム」もじっくり味わって。

Data
- 香川県高松市片原町1-2
- 087-821-3231
- 9:00-18:00
- 1Fは無休、2Fカフェは月曜

惣菜居酒屋まほろば

2022年6月に惜しまれつつ休業した「しるの店おふくろ」が、店名を変えてリニューアルオープン。好きな惣菜を選んで、地元の方々とともにごはんをいただく時間が楽しかったです。白味噌ベースのぶた汁は、沁みます。

Data
- 香川県高松市瓦町1-11-12
- 087-802-6607
- 17:00-22:00 (L.O. 21:30)
- 水曜、日曜、祝日

＼天然タイフライ／

民芸ペチカ

引越し前の鍛冶屋町のお店に訪れたのですが、民藝品が生き生きと並ぶ明るい店内で、すぐに魅了されました。店主の島田さんがSNSで発信する、民藝品に囲まれた暮らしぶりを見ていると、自分も取り入れたくなります。高松からは少し離れますが、新しい場所へも早く足を運びたいです。

Data
- 移転予定のため、詳しい情報はInstagramにてチェック

▼ Instagram

99

ただ歩いているだけで、元気がもらえる

ひとりぶらり旅

熊本（熊本県）

熊本城と周辺の街並み

「なんて元気な街だろう」と、熊本に降り立った瞬間に強く思いました。街に着いた日が休日で、しかも「藤崎八旛宮例大祭」の期間だったこともあると思いますが、観光客というよりも地元の方々の賑わいが印象的で。2016年の熊本地震を経て、今があるのかもしれないと思うと、込み上げてくるものがありました。ひとりで歩いていても、ひとりじゃないような。街を歩くだけで、なんだか元気をもらえます。

ふらり旅 ── 第三章

諸国家庭料 PAVAO

おつまみ盛り

ローカルで賑わうお店として、真っ先に思い浮かぶお料理屋さん。アジアの屋台に迷い込んだかのような旅の高揚感を感じながら、ジャンルレスな各国のお料理をいただけます。

ひとりeye
おすすめよりも、
わたしの"好き"を選んで

お店に入ってすぐ、店主のえりなさんとお客さんの会話が耳に入ってきました。お客さんが「おすすめのメニューは何ですか？」と聞くと、「自分が好きなものを頼んでください」と返していて、わあ！すごくいいなと思ったんです。それを聞いて、私も素直に"わたしの好き"を選んでみたら、結果どれも外さず大正解。素敵な気付きをくれたお店です。

Data
- 熊本県熊本市中央区南坪井町1-9
- 096-351-1258
- 17:00-22:00 (L.O. 21:00)
- 日曜-水曜

古書 汽水社

東京の人気古本屋・レコード店で働いたご主人が移住して営むお店。アートや建築、カルチャー雑誌、漫画などジャンルも幅広く、気軽にふらっと立ち寄りたくなります。

ひとりeye
夜の宝探しが
楽しい

熊本に来て、活気のある独立系の本屋さんが多いことに驚きました。古本屋さんも同じで、こちらはなんと夜の21時まで営業！「PAVAO」で晩ごはんを食べる前、お食事の待ち時間に読みたい本を買いました。しかし、なんだってこんなに夜の本屋さんはテンションが上がるんだろう！夢中になって本棚を漁ったあの時間、忘れられません。

Data
- 熊本県熊本市中央区城東町5-37
- 096-288-0315
- 11:00-21:00
- 水曜

熊本国際民藝館

九州の民藝運動の拠点として、「倉敷民藝館」の初代館長だった外村吉之介が1965年に設立した民藝館。白壁の土蔵造りの建物の中で、外村が世界各地を歴訪して集めた民藝品を展示しています。

ひとりeye 各国の郷土玩具に癒やされて

私が、特に心惹かれたのが郷土玩具。世界各国の愛らしい玩具たちが数多く展示されていて、癒やされました。今では自分でも玩具を集めているのですが、思えばここを訪れたことがきっかけだったかもしれません。立地でいうと、市内の中心部からは少し離れますが、その分、のんびりとした雰囲気の中で落ち着いて鑑賞できます。

Data
- 熊本県熊本市北区龍田1-5-2
- 096-338-7504
- 10:00-16:00
- 月曜（4月8月12月は除く）、年始等

熊本県立美術館（本館）

熊本城公園の一角にある県立美術館。日本を代表する建築家・前川國男が建物自体を城の一部と捉えて設計しており、周囲の景観と見事に調和した建築美も見どころです。

ひとりeye 足を止めて、見惚れたくなる空間

打ち込みタイルで覆われた外観、格子梁の天井、鮮やかな"成層圏ブルー"と、前川建築らしい魅力が詰まっています。息を呑む美しさ、とはまさにこのこと。思わず、何度も"絶景"を前に立ち尽くしてしまいました。そして驚いたのは、この建築を解説するパンフレットが置かれていたこと。ありがたく拝見し、隅々まで眺めました。

Data
- 熊本県熊本市中央区二の丸2番
- 096-352-2111
- 9:30-17:15
- 月曜日等

ぶらり旅――第三章

路面電車
（熊本市交通局）

熊本市の中心市街地を走る路面電車。昨年には開業100周年を迎え、長年にわたって市民の"足"として、暮らしを支えています。

 ひとりeye
市電のある
風景に惹かれて

熊本ひとり旅で何度もお世話になった熊本市電。普段の生活では路面電車にそう馴染みがないこともあって、市電のある風景に心惹かれるのだと思います。最新の車両に交じって古い車両が走っているのも、また味があって良くて……。旅行中、何度目にしても、思わず振り返ってしまうのでした。ぜひ、道中でこの景色を楽しんでみてください。

Data
- 田崎橋・熊本駅前-健軍町、上熊本-健軍町の間を運行中
- 096-361-5211
- 時刻表などはHPをチェック
- 年中無休

▼HP

OMO5熊本 by 星野リゾート

下通・上通商店街で賑わう熊本の一等地に建つ、星野リゾートが手がける「街ナカ」ホテル。利便性の良さはもちろん、地元に精通したスタッフの散策ツアーなど、熊本を楽しむためのコンテンツが充実しています。

 ひとりeye
ひとり街歩きを
楽しむなら、拠点はここ！

立地がとにかく素晴らしく、街歩きの拠点にぴったりでした。お値段も手頃で、割高になりがちな"ひとり泊"には特にありがたい。また、熊本城を望めるテラスがあって、短い滞在時間にもかかわらず、ホテルでの時間も満喫できました。ここに限らず、お散歩中心のひとり旅なら、行く先に「OMO」ホテルがないかよくチェックしています。

ご近所マップも！

Data
- 熊本県熊本市中央区手取本町5-1
- 050-3134-8095（OMO予約センター）
- チェックイン15:00、チェックアウト11:00

103

奥ゆかしい美しさを探して

ひとりぶらり旅

岡山（岡山県）

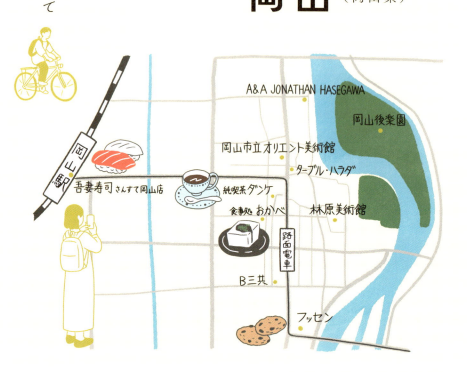

林原美術館外観のレンガ

私は、この街に染みついた"美意識"が好きです。ともすれば見逃してしまいそうな、さりげない瞬間に、「ああ、美しいな」と思える景色にたくさん出会えます。それでも岡山の人は、決してそれを自分たちからアピールすることはありません。「もったいない！」と思う半面、その奥ゆかしさこそが、この街の大きな魅力のひとつだと感じます。ぜひ歩きながら目を凝らして、"わたしだけが知る"この街の魅力を見つけてみてください。

ぶらり旅――第三章

純喫茶 ダンケ

表町商店街のほど近くにある、創業50年以上になる老舗喫茶店。地元の方たちにおすすめスポットを聞くと、よくこのお店の名前があがります。モーニングは特に人気です。

お気に入りの席から見る景色

ひとり散歩のスタートは、決まってここ。お店の看板も、味のある緑の椅子も、とにかくセンスがいい。爽やかな朝を迎えられます。私のお気に入りは、奥の窓際の席。ここから、トーストを頬張りながら、お店全体を見渡すのが好きです。混雑していなければ、こんな風にひとりだからこそ、座る席にこだわるのもありかもしれません。

Data
- 岡山県岡山市北区表町1-4-1
- 086-232-4836
- 8:00-18:00
- 火曜

B三共

元をたどると、現在のご主人のお祖母様が1933年に喫茶店「三共」を開業。そこから「A三共」「B三共」と系列店が広がっていき、今はこの「B三共」が唯一残っています。

隠れた"こだわり"の数々に見惚れて

まるで芸術家が集うサロンのような雰囲気にうっとり。店中央のシャンデリアや、洗面台のビーズのれんなど、ぜひ近寄ってディテールまで見てほしいです。帰り際、ふと目に入った絵画の前で佇んでいたら、ご主人が声をかけてくれてアート話に花が咲いたなんてことも。次の予定があっても、つい後回しにして長居したくなってしまう場所です。

Data
- 岡山県岡山市北区表町2-3-62
- 086-231-1147
- 9:00-19:00
- 火曜

岡山市立
オリエント美術館

館内

お手洗いのマーク

古代イラクの神殿のような壮大な外観が印象的な、国内唯一の古代オリエント専門の公立美術館。メソポタミア文明に源を発し、イスラム時代に至るオリエント文化を、数多く紹介しています。

併設喫茶室「イブリク」

ひとりeye
古代オリエントの神秘に、誘われて

館内を歩いていると、中東の古代遺跡にいるかのような感覚があって。気になって調べたら、設計をした建築家が、現地で体感したオリエント建築の要素を取り入れたんだそうです。おかげで建物自体が神秘的な雰囲気を醸し出していて、オリエントの世界に没入できました。また、併設の喫茶室「イブリク」では、「アラビック・コーヒー」もいただけるのでそちらもぜひ。窓側の席から見える、吹き抜けの景色が好きです。

Data
- 岡山県岡山市北区天神町9-31
- 086-232-3636
- 9:00-17:00(最終入館は16:30)
- 月曜、年末年始、展示替え期間

ぶらり旅 ─ 第三章

ターブル・ハラダ

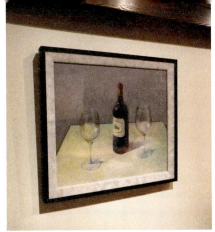

気軽に楽しめるフレンチビストロ。ワインは全てフランス産、料理もフランス人が日頃味わう定番のビストロメニューです。テーブル席のみで14席と、こぢんまりとした空間でお食事をゆったり味わえます。

ひとりeye
楽しい会話と
"わたしのコース"を堪能

豊富なアラカルトのメニューが、前菜からメインまで並んでおり、組み合わせて"わたしのコース"を作れるのが楽しかったです。カジュアルな雰囲気の中でいただけるので、初めての訪問でも、とてもリラックスして味わえました。同じくひとりで来られていた常連さんと仲良くなり、岡山の街の魅力について語り合えたのも良い思い出です。

Data
- 岡山県岡山市北区石関町5-3
- 086-207-2355
- 17:00-22:00
- 日曜(不定)、月曜

食事処 おかべ

隣接する「豆腐処おかべ」が直営する豆腐料理専門店。ランチ営業のみで、揚げ立ての絹厚揚げや揚げ出し豆腐、とろとろあんかけのゆば丼を定食にして提供しています。

ひとりeye
豆腐一筋、滋味深い
味を噛み締めて

お豆腐が大好きなこともあり、豆腐料理専門店があると聞いて、行かずにはいられませんでした。いただいた定食の"主役"は、もちろんお豆腐。その滋味深い味わいを、ひとりでゆっくりと噛み締める時間は幸せでした。豆腐一筋の潔い姿勢は店内の空気にも表れている気がして、カウンターに座るたびに思わず背筋が伸びます。

Data
- 岡山県岡山市北区表町1-10-1
- 086-222-1404
- 11:30-14:00 (L.O.13:50)
- 日曜、木曜、祝日

A&A JONATHAN HASEGAWA

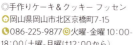
「フッセン」のピラミッドケーキ(左)

アーティストと建築家のコラボレーションで創り上げた一棟貸しの宿泊施設。こちらはアーティストのジョナサン・モンク氏と建築家の長谷川豪氏が手がけています。

**ひとりだからこそ
楽しい、探検の旅**

想像を超える独創的な空間で、滞在しているだけでワクワクします。一棟貸しでひとりって寂しくないの?と思われるかもしれませんが、ここは、ひとりで隅々まで"探検"することで、新しい発見を楽しめる場所です。それでいて暮らすように滞在できるので、地域のスイーツを買って、お部屋でゆっくり味わうという過ごし方もできます。

Data
◎A&A JONATHAN HASEGAWA
✉info@a-and-a-hotel.com ◎チェックイン15:00、チェックアウト11:00

◎手作りケーキ＆クッキー フッセン
🏠岡山県岡山市北区京橋町7-15
☎086-225-9877 ◎火曜-金曜 10:00-18:00(土曜-月曜12:00から)
◎7月-9月、年末年始

岡山後楽園

水戸の偕楽園、金沢の兼六園とともに「日本三名園」のひとつとも称され、国の特別名勝に指定されています。江戸時代初期に岡山藩主・池田綱政によって造営され、当時の姿を今に残しています。

**風流を感じる
お気に入りスポットで憩う**

ひとり散歩が捗る美しいお庭です。後楽園は敷地面積が13ヘクタールと、東京ドームの約3倍の広さを誇るので、きっと"わたしのお気に入りスポット"が見つかるはず。中でも、「流店」という、建物の中を水路が通るユニークな建物は、岡山の美意識を感じられます。ここで水の流れをゆったりと眺めながら過ごす時間が私にとって癒やしのひとときです。

流店からの景色

Data
🏠岡山県岡山市北区後楽園1-5
☎086-272-1148
◎3月20日-9月30日 7:30-18:10、10月1日-3月19日 8:00-17:00

ぶらり旅 ── 第三章

長屋門

林原美術館

実業家・林原一郎が収集した東洋の古美術品と、備前岡山藩主・池田家の大名調度品を収蔵しています。和の香りが漂う小さな美術館で、ひとりで静かに癒やされるのにぴったりの場所です。本館の建築は巨匠・前川國男が手がけました。

Data
- 岡山県岡山市北区丸の内2-7-15
- 086-223-1733
- 10:00-17:00（最終入館16:30）
- 月曜他、年末年始、展示替え期間

吾妻寿司 さんすて岡山店

岡山旅の締めに、カウンター席でお寿司をいただくのが、私のお決まり。"サクッと寿司"は満足度が高く、実はひとりごはんの選択肢としてとてもおすすめです。時間がない時は、郷土料理の「ばら寿司」をテイクアウトして駅弁にすることも。

Data
- 岡山県岡山市北区駅元町1-1 さんすて岡山2F
- 086-227-7337
- 11:00-22:00（L.O.21:00）

岡山からふらっとひと足のばすと…

倉敷（岡山県） P.18へGO ／ 高松（香川県） P.96へGO

あまり知られていない気がするのですが、なんと倉敷までは、電車でたったの20分！とても近いので、一日に両方の街を散策するなんてことも可能です。そして、高松へも「マリンライナー」で1時間。瀬戸大橋を渡りながら、車窓に広がる瀬戸内の絶景を楽しむことができます（右は倉敷）。

109

全部あるから、散歩が楽しい

ひとりぶらり旅

浜松（静岡県）

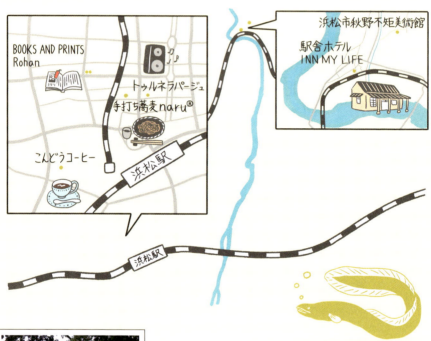

二俣本町駅周辺の景色

「どうしてこんないい街だと、早く教えてくれなかったんだろう？」と、浜松を初めて訪れた時、真っ先に思いました。いい味の喫茶店、おいしいごはん屋さん、本屋さんに美術館まで。"これ"という何か特別なものがあるというよりも、"全部揃っている"ことがこの街の魅力。だからこそ、気ままなひとり散歩にはもってこいです。東京からは、新幹線で約1時間半。一泊するのがおすすめですが、ふらっと日帰りでも十分楽しめますよ。

ぶらり旅 ―― 第三章

手打ち蕎麦naru®

「なるそば」の名で親しまれている、人気の蕎麦屋さん。おいしいそばを求めて、県内外から連日多くの人が訪れています。本格派にもかかわらず、堅苦しさは一切なく、肩肘張らない雰囲気も魅力のひとつです。

ひとりeye
奥深き、
お蕎麦の世界へ

「くるみタレせいろ蕎麦」を一口食べた瞬間の、衝撃といったら……！ 文字通り、目が点になるほどおいしくて、驚きました。ひとりだとより集中して丁寧に噛み締められて、お蕎麦本来の素朴なおいしさが口の中いっぱいに広がって、幸せな気持ちに。いや～お蕎麦、恐るべし。お酒の種類も豊富なので、"ひとり昼飲み"も楽しめそうです。

Data
- 静岡県浜松市中央区板屋町102-12
- 053-453-7707
- 11:30-14:00、18:00-21:30（日曜は昼のみ）
- 月曜

BOOKS AND PRINTS

築50年以上のレトロな「KAGIYAビル」には、個性的なショップが軒を連ねています。そのひとつが、浜松出身の写真家・若木信吾が営む書店。写真集を中心に、縁のある作家の本をセレクトしています。

ひとりeye
気付けば、
この本屋にいる

私は決して本のフリークでも、写真集に詳しいわけでもありません。それでも、この書店にはなぜか自然と足が向いてしまうのです。きっと私にも、何か素敵な一冊が見つかる気がして。そして、ひとりの特権とばかりに少し長居して、宝探しに没頭しています。その時の光景を鮮明に思い出せるくらい、あの時間がたまらなく好きです。

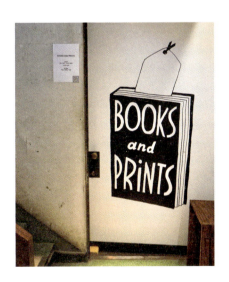

Data
- 静岡県浜松市中央区田町229-13
- 053-488-4160
- 13:00-18:00
- 火曜、水曜、木曜

Rohan

「BOOKS AND PRINTS」と同じKAGIYAビル内にある、日本各地の作家さんの器や作品を紹介するギャラリー。初めて訪れるギャラリーは入店時に緊張しがちなのですが、優しいオーナーさんのおかげでリラックスして見ることができ、これぞという一品に出会うことができました。

Data
- 静岡県浜松市中央区田町229-13
- 不定休

こんどうコーヒー

1951年創業の、カウンター席のみの老舗喫茶店。親子三代で大切に受け継いできたお店には常連さんも多く、地元で愛されています。カウンター越しに広がる景色がかっこ良く、コーヒーを飲みながら何度も見惚れてしまいました。「千枚の林檎」は絶品なのでぜひご賞味を。

Data
- 静岡県浜松市中央区千歳町14
- 053-455-1936
- 12:00-21:00
- 火曜

千枚の林檎

トゥルネラパージュ

ジャズレコードが響き渡る、珈琲紅茶専門店。スピーカー前の"リスニングエリア"は会話禁止で、ひとり掛けのソファが並びます。最初は迫力に圧倒されたものの、気付けば音楽に乗って、体が揺れ出す心地良さを味わえました。

Data
- 静岡県浜松市中央区板屋町628
- 053-455-7100
- 水曜、木曜、日曜 13:00-19:30（L.O. 19:00）、
  金曜、土曜 13:00-21:30（L.O.21:00）
- 月曜、火曜

ぶらり旅――第三章

浜松市
秋野不矩美術館

浜松出身の日本画家・秋野不矩の作品を鑑賞できる美術館。漆喰の壁面や、履き物を脱いであがる藤ござの通路など、藤森照信氏が設計を手がけたユニークな建築も魅力です。

 森に包まれる藤森建築を堪能

藤森建築に惹かれて訪れたこの場所。タクシーを降りた瞬間から、一帯がまるで別世界のように感じられ、しばらく呆気に取られてしまいました。建物の中に足を踏み入れても、その非日常の世界は続き、辺りの緑に包まれるような心地良さで……。ござの上を歩きながら作品を鑑賞するという体験もそれ自体は斬新ですが、とても自然で癒やされました。

Data
- 静岡県浜松市天竜区二俣町二俣130
- 053-922-0315
- 9:30-17:00（最終入館16:30）
- 月曜、年末年始、展示替え期間

駅舎ホテル
INN MY LIFE

天竜浜名湖線沿線にある無人駅・二俣本町駅の駅舎に泊まれる貸切ホテル。内装デザインや朝食にも浜松の魅力が詰まっており、滞在を通して"浜松"を感じられます。

 駅舎で美しい日常に触れる

駅舎に泊まれるなんて、それだけでワクワクです。子どもの頃の夢が叶った気がしました。真横を通る電車のガタンゴトンという音に耳を傾けたり、お部屋を出てロマン溢れる駅舎や行き交う人々を眺めたり……。こんなにも日常の風景が美しく感じられるなんて。幸せな時間でした。平日限定のおひとりさまプランもあるのでぜひチェックしてください。

駅舎外観(上)、部屋(下左)、駅の待合室(下右)

Data
- 静岡県浜松市天竜区二俣町二俣1605-7
- 053-925-1721（10:00-18:00対応可）
- チェックイン14:00、チェックアウト10:00

Column 03

ひとりごはん、どうする？
問題を考える

　SNSなどで、ひとり旅に関するお悩みを募集すると断トツに多いのが、ごはんに関するお悩みです。「どうしても人目が気になる」「料理がシェアできなくてつらい」など。特にディナーは、ランチと比較しても、入店に勇気がいるという声が多く寄せられます。何を隠そう、私もそのひとり。特に初めての街では、重い腰を上げて「よいしょ」とお店へ向かうことがほとんどです。それでも、最近ようやく少しずつコツを掴んできたので、ここで少しだけご紹介します。

その1. 早めの時間にサクッと行く
開店直後は人が少ないため、人目があまり気になりません。さらに、お店のスタッフさんに余裕があると、食材や料理についての小話が聞けることも。カウンター席があって、お寿司やおでんだとすぐに食べられていいですね。

その2. コース料理のお店を事前予約
「ええ、ハードルが高い！」と思われるかもしれませんが、ひとりで予約できた時点でお店側としては「ひとりOK」ということ。しかも、コースだと当然一人前なので、量を気にせずにたくさんの種類を味わえて、実はひとりごはんにうってつけなんです。

その3. ご飯をテイクアウトする
この間、富山のローカルスーパーで新鮮な刺身を買って、お部屋でお酒を飲みながら堪能しましたが、これが最高に美味しかった〜！ こんな自由が利くのも、ひとり旅ならではだなと思います。

デトックス旅

第四章

Izu Oshima　Oki Islands　Beppu/Kannawa Onsen　Nagatoyumoto Onsen　Takao　Kamikochi

どうしようもなく疲れた時こそ、ひとりになりたい。忙しい日常から一旦離れてリセットする時間は、誰しも必要なはずです。ここでは、"わたし"を取り戻すリフレッシュの旅をご紹介します。

116　知夫里島の赤ハゲ山

デトックス旅

――

第四章

ひとり島旅

本当の意味で
ひとりになれる場所

　ゆったり流れる"島時間"に身を置く
と、ぴたりと立ち止まれる感覚がありま
す。今まで忙しなく動いていたのが嘘の
ように、途端に"何もしない"ができる。
雄大な自然を前にひたすらぼーっとする
時間は、この上ない贅沢です。それも、
ひとりなら何時間だっていい。気が済む
まで、ずーっと。

　離島は人口密度が低いので、本当に"ひ
とり"になれる瞬間がたくさんあります。
私の胸に静かに手を当てると、やりたか
ったことが湧き上がってきたり、悩んで
いたことがちっぽけに思えたり、逆に溜
めていたモヤモヤの正体がはっきりと見
えてきたり。誰でもない、"わたし"自
身との時間が過ごせるから、本当の"わ
たし"と出会える気がします。

　でも不思議なことに、ひとりだけど、
ひとりじゃない感覚もあるんです。島民
の方々のさりげない優しさに触れて、心
温まるひとときがあって。ひとりでいら
れる自由と、そのバランスが心地いいな
と感じています。

　私の周りには"ひとり島旅"好きの
方々が多く、何が彼らを惹きつけてい
るのか？　と不思議に思っていましたが、
経験した今なら理由がわかる気がします。
"ひとり島旅"でしか得られないものが、
たくさんあると知ったから。

117

都会を抜け出して
"ちょっと島まで"
癒やし旅

（ひとり島旅）

伊豆大島
（東京都）

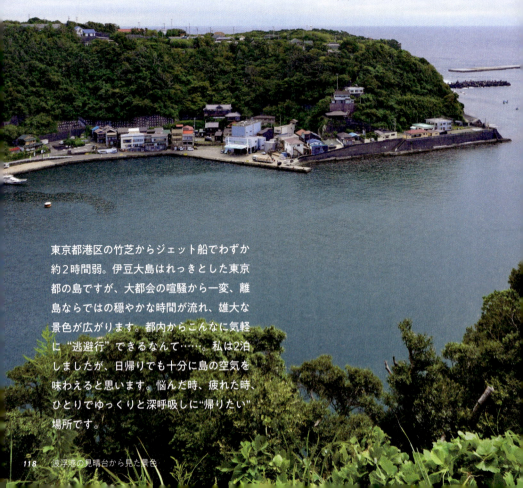

東京都港区の竹芝からジェット船でわずか約2時間弱。伊豆大島はれっきとした東京都の島ですが、大都会の喧騒から一変、離島ならではの穏やかな時間が流れ、雄大な景色が広がります。都内からこんなに気軽に"逃避行"できるなんて……。私は2泊しましたが、日帰りでも十分に島の空気を味わえると思います。悩んだ時、疲れた時、ひとりでゆっくりと深呼吸しに"帰りたい"場所です。

波浮港の見晴台から見た景色

波浮港エリア

伊豆大島の南部にある波浮港は、三方を山に囲まれ、穏やかであることから「風待ちの港」として栄えました。当時の名残を感じる街並みは今も残り、ノスタルジックな雰囲気が感じられます。近年はその景観を守りながら、新しいお店が続々とオープン。伊豆大島の"ホットスポット"として注目されています。

"風街ちの港"で、のんびり憩いたい

伊豆大島には魅力的なエリアが点在していますが、ひとりでのんびりと過ごすなら、波浮港がおすすめです。早朝に「波浮港見晴台」で波浮港の景色を一望しながらひとり読書をしたり、「島京梵天」でもちもちの"明日葉たい焼き"を味わったり。心穏やかに過ごせて、まるで"わたしの街"のように寛いでしまいました。次に伊豆大島を訪れる時もここを拠点にして、今回は行けなかった「Hav Cafe」にも足を運びたいです。

Data

◎青とサイダー
⌂東京都大島町波浮港4
☏090-4919-1981
⏱チェックイン15:00、チェックアウト10:00

◎島京梵天
⌂東京都大島町波浮港6
☏04992-4-1567
⏱11:00-17:00 ✕月曜、火曜

拠点にしたゲストハウス「青とサイダー」(上)、「島京梵天」の明日葉たい焼き(下)

◎波浮港見晴台
⌂東京都大島町差木地
☏04992-2-1446（大島町役場観光課）

「ジオツアー」で島巡り

裏砂漠

偶然見かけたコウノトリ(上)、泉津の切り通し(下)

伊豆大島ジオパーク認定のジオガイドが島をガイドする、SHIMA STAYの「ジオツアー」。三原山をトレッキングする半日ツアーや、裏砂漠を加えた終日ツアー、行きたい場所を巡れるアレンジツアーなど、ニーズに合わせた多彩なプランが用意されています。

ひとりで行けない場所は、ツアーで楽しもう

車が運転できない私にとって、ひとり島旅でのネックは"足"。とはいえ、ずっとツアー参加ではひとり旅らしさが失われる……と悩んでいたところ、半日からのジオツアーを発見！ 私はアレンジツアーをチョイスしたのですが、行きたいスポットが巡れて大満足だったうえ、ガイドの神田さんが、行く先々で丁寧にジオの視点で解説してくれて、知識を深めながら絶景を堪能できました。ひとりから催行可なのもありがたいポイントです。

Data
◎SHIMA STAY
⊕東京都大島町波浮港1
☎080-4349-4424
⊙9:00-20:00

▼HP

「ジオツアー」
筆島

かつてここで活動していた火山の火道で固まった岩と考えられているそう。別名は「神の宿る岩」。

「ジオツアー」
三原山

島全体が活火山という伊豆大島の中心にそびえる山。所々で火山活動の痕跡が見られます。

"絶景ロード"で
サイクリング

元町港にほど近い、海岸線沿いの南北に延びるサンセットパームラインは"絶景ロード"として知られています。私は「らんぶる」で電動自転車を借りて、大島空港周辺までサイクリングを楽しみました。

 風を切って
"伊豆大島"を感じる

ひとりで好きな音楽を口ずさみながら、風を切ってサイクリングをする気持ち良さと言ったら……！ 美しい海原がどこまでも続き、天気が良ければ、利島をはじめとする伊豆諸島の島々まで見渡せます。そして、ゴツゴツとした岩場や、溶岩の粒が降り積もってできた「赤禿」など、活火山の伊豆大島ならではの景色にも出会えます。自分のペースで時々立ち止まり、火山が生み出した壮大な地形を目の前に、自然の息吹を全身で感じてみてください。

Data
◎赤禿
◎東京都大島町元町

◎レンタサイクル らんぶる
◎東京都大島町元町1-16-2
☎090-4936-1634
◎6:00-17:00（夏期は5:00から）

122

デトックス旅 ── 第四章

まだまだデトックスできる 伊豆大島 のひとりスポット

OSHIMAP サブレー

ほんのり塩味が利いた、香ばしいサブレー。手書き風のイラストがなんともキュートです。「さむかわ食賓館」で購入できます。

Data ◎さむかわ食賓館 ◎東京都大島町元町字馬の背262-13 ☎04992-2-1657 ◎9:00-21:00 ◎不定休

つばきサブレ

「金太楼本舗」で見つけた、伊豆大島を象徴する椿が型取られたサブレー。可愛いものが好きな"あの子"へのお土産にぴったり。

Data ◎金太楼本舗 ◎東京都大島町元町2-13-8 ☎04992-2-1231 ◎8:30-17:30 ◎月曜

大島牛乳アイス

口いっぱいに広がる牛乳の甘さがたまらなくて、滞在中に"おかわり"しました。それにしても、またもやパッケージまで愛おしい。

▼HP

Data ◎大島内に複数店舗あり ☎04992-2-9290(代表／5:00-16:00、土祝は12:00まで、日曜は除く)

東海汽船

乗船した瞬間から、旅が始まります。車窓ならぬ"船窓"からの景色を堪能していたら、あっという間に到着しました。

▼HP

Data ◎往路乗り場：竹芝客船ターミナル ◎東京都港区海岸1-12-2 ◎復路乗り場：大島営業所 ◎東京都大島町元町1-18-3 ☎03-5472-9999(東海汽船お客様センター) ◎9:30-18:00

「ひとり島旅は"要所"の下調べを!」

離島では移動手段やお店の数が限られているため、行き当たりばったりの旅が通用しないことも。ひとり旅ならなおさら、頼れるのは自分だけ。最低限の基本情報を押さえておくことが大切です。たとえば伊豆大島は、気象条件によって船の発着港が「岡田港」か「元町港」か当日決まります。スケジュールを立てる際は、その点も考慮しておくと安心です。

「地球に、ぽつん」を
感じて

ひとり島旅

隠岐諸島
（島根県）

島根半島の北40〜80kmに位置する4つ
の有人島と多数の無人島。日本海に浮か
ぶこの島々は、本土から船で3時間かかり、
アクセスは決して良くありません。でも、
だからこそ手つかずの大自然が残り、「ユ
ネスコ世界ジオパーク」にも認定されてい
ます。ひとりで、静かに "地球" と向き合
うひととき。雄大な景色に癒やされ、時に
はその迫力に圧倒され、ひとりだからこそ
得られる感動がここにはあります。

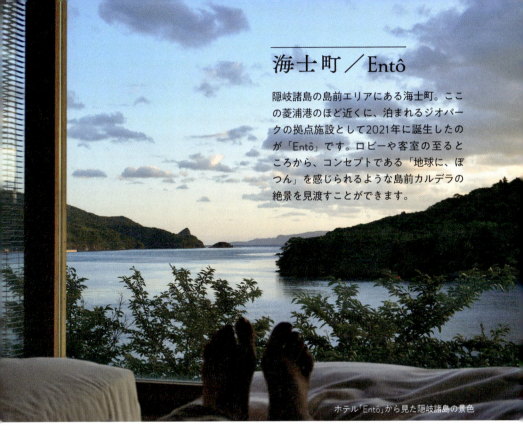

海士町／Entô

隠岐諸島の島前エリアにある海士町。ここの菱浦港のほど近くに、泊まれるジオパークの拠点施設として2021年に誕生したのが「Entô」です。ロビーや客室の至るところから、コンセプトである「地球に、ぽつん」を感じられるような島前カルデラの絶景を見渡すことができます。

ホテル「Entô」から見た隠岐諸島の景色

ひとりeye
"何もしない"贅沢を味わう

隠岐諸島に行こうと思ったきっかけは、このホテルでした。足を延ばせば届きそうなほどにダイナミックな島の景色を間近に感じられ、その景色に身を委ねている時間が幸せでした。大切な誰かと見る景色も素敵ですが、こうしてひとりでじっくり景色に浸る時間もいいものです。また、港の近くにはレンタサイクルがあるので、島内を自分のペースで巡るのもおすすめ。私は明屋海岸のベンチに腰掛けて、しばらくぼーっとして過ごしました。

明屋海岸

Data

◎Entô ◎島根県隠岐郡海士町福井1375-1 ☎08514-2-1000
◎チェックイン15:00、チェックアウト BASE10:00、NEST11:00

◎レンタサイクル（海士町観光協会）
◎島根県隠岐郡海士町福井1365-5 フェリーターミナル1F ☎050-3172-1521（予約コントロールセンター）◎8:00-17:00

知夫里島

島前エリアに位置し、本州に最も近い有人島です。人口約600人、周囲27kmと小さな島ながら、隠岐諸島を一望できる赤ハゲ山の展望台や赤壁など、壮大な自然を満喫できるスポットが点在しています。

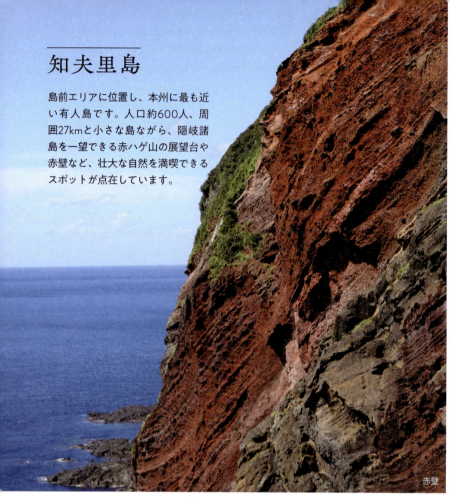

赤壁

赤ハゲ山

Data 赤壁、赤ハゲ山、E-BIKEの貸出所（観光協会窓口）の詳細は、右の知夫里島観光協会公式HPよりチェック！

▼HP

ひとりeye
冒険の果てに出会う、私だけの絶景

車が運転できない私は、電動アシスト付きのスポーツバイク「E-BIKE」を借りて島内巡りに挑戦！ 思った以上にハードで、何度も心が折れかけましたが、きつい坂を上り切った後に振り返って目にした眼下の景色は、今でも心に焼き付いています。道中もほとんど誰ともすれ違わず、広がる絶景をただただ独り占め。本当に贅沢な時間でした。あんなに大変だったのに、またやりたくなっている自分がいて少し怖いです（笑）。

西ノ島

こちらも島前エリアに位置し、3つの島の中で一番大きな島です。国賀海岸の摩天崖が絶景スポットとして知られ、切り立った崖や海を背景に自然放牧された牛や馬が佇む風景が広がっています。

摩天崖の周辺

みんなと、時々ひとりがいい

私は浦郷港から摩天崖、国賀浜までを巡る「国賀めぐり定期観光バス」に乗りました。このバスの素晴らしいところは、希望すれば摩天崖で降りて、国賀浜までの遊歩道を歩けるところ。息を呑むような絶景を見下ろしながら、ひとりハイキングを存分に楽しめました。帰りは再びバスで港まで戻れて、程良くひとり時間が確保されたツアーのような形なので、私のような車なし勢には特におすすめです。

Data 停留所や時刻表などの詳細は、右の国賀めぐり定期観光バス公式HPよりチェック！

▼HP

国賀浜の通天橋(上)、摩天崖(下)

みはらし坂からの鉄輪温泉の景色

デトックス旅 ── 第四章

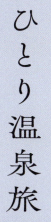

ひとり温泉旅

おこもりしない、ひとり温泉もいい

"ひとり温泉"は、今やすっかり聞きなじみのある言葉になりました。「旅館にひとりで泊まるなんて……」と言われていた時代を思うと、特にコロナ禍以降、ひとりで気兼ねなく温泉を楽しめる環境が急速に整ってきているように感じます。

かくいう私も、ひとり温泉が大好きです。肩まで温泉に浸かってじわじわと心身を休める時間は、至福のひととき。それに、ひとりなら自分のペースで好きな時に何度でも入れますし、温泉から上がった後、どんなにお部屋でぐうたらしても誰にも何も言われることはありません。心からリラックスして自由を満喫できる温泉と、ひとりの相性は抜群だと思います。

これまでは、そんな風にお宿にずっとこもるのが私の"ひとり温泉"のお決まりスタイルだったのですが、長門湯本温泉や別府を訪れてからは、温泉街の散策も楽しむようになりました。お宿で寛ぎながら、時折街に出て散歩して、自分のペースでお宿と街を行ったり来たり。"ひとり温泉"の楽しみ方の幅がぐっと広がりました。

さあ、皆さんも、"わたしをととのえるひとり温泉旅"に出かけてみませんか？

129

温泉だけじゃない、
"湯巡り"の旅へ

（ひとり温泉旅）

別府/鉄輪温泉

（大分県）

圧倒的な源泉数と湧出量を誇り、全国屈指の温泉地として知られる別府。市内だけで8つの温泉郷があり、それぞれ異なる泉質を持つため、"湯巡り"を楽しむことができます。また、昭和の名残が香るレトロな街並みや絶品グルメなど、温泉以外にも魅力が満載。今回は、そんなエリアの中から古き良き湯治場の趣を残す「鉄輪温泉」、街歩きが捗るレトロな「別府駅周辺」をご紹介します。

サリーガーデンの宿 湯治柳屋

サリーガーデンの宿
湯治柳屋 〈鉄輪温泉〉

鉄輪温泉で明治時代から続く伝統あるお宿を、大分市でカフェ兼ケーキ屋さんを営む現在の女将が受け継ぎ、リノベーション。湯治文化を現代に伝えるお宿として運営されています。

ひとりeye
温泉の力で、"わたし"を取り戻す

とろりとやわらかな自家源泉の湯で芯まで身体を温めた後は、空を見上げながら畳の上で思う存分ごろごろする。これだけでもう完璧すぎる幸せな"ひとり温泉"ですが、極め付きは、自分でざるに並べた食材を釜で蒸す、"地獄蒸し"のごはん。温泉のミネラルを豊富に含んだ蒸気のおかげで食材の旨みが引き立ち、たまらないおいしさでした。帰る頃には、疲れて重たかった身体がなんだか身軽になったような！ 次は必ず連泊したいです。

Data
- 大分県別府市鉄輪井田2組
- 0977-66-4414
- チェックイン14:00、チェックアウト10:00
- 休館日あり

鉄輪むし湯

（鉄輪温泉）

1276年に一遍上人が創設したとされる歴史的な共同温泉。石菖と呼ばれる薬草が敷き詰められた、温泉の噴気で温められた約8畳あまりの石室内に横たわって、身体を発汗させます。

 ひとりeye　薬草の香りに癒やされて

入浴してすぐにじわじわと汗ばんできて、蒸されていることを実感しました。サウナと大きく違うなと思ったのは、"香り"。熱さを感じつつも、室内いっぱいに広がる爽やかな薬草の香りに包まれ、心地良く癒やされました。終わった後の爽快感も素晴らしく、思わずスキップしたくなる気持ちを抑えながら帰路へ。鉄輪温泉には他にも公衆浴場が点在しているので、できればお宿に連泊して、マイペースに外湯巡りを楽しみたいですね。

Data
- 大分県別府市鉄輪上1組
- 0977-67-3880
- 6:30-20:00（最終受付は19:30）
- 第四木曜（祝日の場合は翌日）

デトックス旅 ── 第四章

みはらし坂 〔鉄輪温泉〕

山々をバッグに、ゆらゆらと立ち昇る鉄輪温泉の湯けむりを眺められる絶景スポット。「サリーガーデンの宿 湯治柳屋」からも程近く、お散歩がてら立ち寄ることができます。

温泉地ならではの絶景に浸る

鉄輪温泉の街を歩いていると、あちこちで遭遇する"湯けむり"。出会うたびに温泉街にいることを実感できて、ワクワクしました。少し坂を上ると、その湯けむりたちを一望できて感動。温泉街でこんな絶景に出会えるとは！ もくもくと湯けむりがあがる様子をぼんやりと眺めているだけで、なんだか癒やされました。

Data
- 大分県別府市県道218号線

ふくばこ蕎麦店 〔鉄輪温泉〕

「湯治柳屋」の向かいにある、"湯上がりを楽しむ"がコンセプトの小さな手打ち蕎麦屋さん。地獄釜での調理も行っていて、自家製焼売などをお供に、昼飲みを楽しめます。

欲張りになれるひとりごはん

のれんのデザインに惹かれてふらりと入店。外観から「絶対おいしい！」と確信していましたが、期待を超えていました。お蕎麦を楽しんだ後、まだまだ食べたい気持ちが抑えきれず、地獄蒸しで蒸された「とうもろこしのちまき」を追加でオーダー。これがまた絶品！ 誰かと一緒ならおそらく我慢していましたが、ひとりだからこそ欲望のままにお腹を満たせて幸せでした。

Data
- 大分県別府市井田3組 柳屋向かい
- 0977-27-7273
- 11:30-15:00 (L.O. 14:30)
- 木曜、金曜

べっぷ駅市場／野田商店 別府

べっぷ駅市場は、1966年にJR別府駅の高架下に開業し、地元民に親しまれてきた昔ながらの商店街。現在リニューアル工事中で、仮店舗で営業しています。

ひとり旅で出会う、日常の一コマ

市場を地元の人に交じって歩きながら、「何にしようかな」と考えているだけで旅先の日常に触れられた気がして嬉しかったです。私が購入したのは「野田商店」のレタス巻きととり天。そのままぶらぶらと散歩し、ベンチでのんびりいただきました。この外観がもう見られなくなったのは寂しいですが、さらにパワーアップした姿を楽しみにしています。

Data 野田商店
- 大分県別府市中央町5-22 べっぷ駅市場内
- 0977-22-5520
- 8:30-17:00
- 火曜、水曜

友永パン屋 別府

味のある看板建築が印象的な、100年以上愛され続ける街のパン屋さん。連日多くの人が詰めかけて行列ができる人気店です。

今日は、並んでみたくて

普段は、ひとりだと待ち時間が退屈に感じて行列に並ばない私ですが、こちらだけは例外でした。何しろ、この軒下に並んでいるだけでワクワクしてしまうのですから。しかも、思ったよりも早く順番が回ってきて、私は可愛らしい見た目に一目惚れした「ワンちゃん」を購入。口にすると、優しいおいしさがじんわりと広がり、感動しました。あの列なら、何度でも並びたいと思います。

Data
- 大分県別府市千代町2-29
- 0977-23-0969
- 8:30-18:00
- 日曜、祝日

なかむら珈琲店 〔別府〕

映画館が入る「ブルーバード会館」の2階にある老舗喫茶店。メニューはコーヒーかココアの2種類のみで、こだわりの一杯を求めて常連たちが集います。

 "名画"に囲まれて、静かなひとりカフェ時間を

コーヒーをじっくり嗜むにはうってつけの場所です。私が特に惹かれたのは、店内を彩る抽象画たち。晩年この喫茶店にも通っていたと言われている画家の宇治山哲平や、マティスの作品の複製画が飾られていて、うっとりしました。帰り際、マスターと「いいですよね」と作品の素晴らしさを共有できたのも嬉しかったです。

Data
- 大分県別府市北浜1-2-12
- 0977-23-1272
- 12:00-18:00（変更の可能性あり）
- 水曜（変更の可能性あり）
※全席喫煙可能

購入した革箱とうつわ

SPICA 〔別府〕

別府で生まれ育った店主が営むセレクトショップ。生活雑貨のほか、アパレル類や家具、地元の食材も揃います。併設された展示スペースでは、期間限定の展覧会が開催されることも。

 いつもの私で素敵な出会いを

センスの良い知人や友人がこぞって、お店のInstagramをフォローしていて「これは行かなくては！」と訪問。足を踏み入れて、そのセンスに脱帽しました。幅広いジャンルの商品が並んでいるにもかかわらず、一本筋が通ったような統一感があり、お店を纏う空気がとても心地良かったです。リラックスして、素敵なものたちとの出会いを楽しめました。

Data
- 大分県別府市立田町1-34
- 090-9476-0656
- 11:00-17:00（土日祝は10:00から）
- 水曜

今も元気な
温泉街を、
そぞろ歩く

ひとり温泉旅

長門湯本温泉
（山口県）

約600年の歴史を持つと言われる、山口県最古の温泉地「長門湯本温泉」。中心には音信川が流れ、温泉街の風情が感じられます。一時は宿泊客の減少により衰退の危機もありましたが、公民が連携し温泉街を再生。徐々にかつての活気を取り戻しています。私もここでは、お宿にこもってばかりではもったいないと、ひとりでそぞろ歩きました。時には川辺で焼き鳥を頬張り、時にはカフェで萩焼を眺めながらのんびりと……。

界 長門

長門市と星野リゾートが一体となって始めたプロジェクト「温泉街リノベーション」の一環として誕生した温泉旅館。源泉掛け流しの温泉や、山口の海の幸をふんだんに使った会席料理を楽しめるほか、スタッフによる散策ツアーなど温泉街を満喫できるコンテンツも充実しています。

ひとりeye
温泉街とともに ひとり温泉を満喫

ツアーに参加して街歩きのヒントをもらいつつ、その前後ではひとりで温泉街を散策。一通り歩いて満足したら、お部屋でゴロゴロと寛いだり、温泉に浸かったり、元気になってまた再び外に出たり。この自由を謳歌できるのが、ひとりの特権！といった感じで最高でした。ちなみに、「宿の食事は人目が気になる……」という方もご安心を。食事処の席は半個室でプライバシーが保たれているので、ひとりで気兼ねなくお食事を楽しめますよ。

Data
- 山口県長門市深川湯本 2229-1
- 050-3134-8092（界予約センター）
- チェックイン15:00、チェックアウト12:00

恩湯

長門湯本温泉の共同浴場。2017年に公設公営での営業を終了した後に再建され、2020年にリニューアルオープン。泉源の真上に立つ珍しい立地で、入浴しながら岩盤から湧き出るお湯を眺めることができます。

ひとりeye　五感で感じたい "神授の湯"

住吉大明神からのお告げによって発見された "神授の湯" として知られ、大寧寺所領の泉源には住吉大明神が祀られています。建物全体も神聖な雰囲気に包まれており、ひとりで歴史に思いを馳せながら、ゆっくり浸りたい温泉です。おすすめの入浴法をまとめた「恩湯のたしなみ」という冊子も用意されているので、訪れた際はぜひ手に取ってみてください。

Data
- 山口県長門市深川湯本2265
- 0837-25-4100
- 10:00-22:00
- 不定休

坂倉正紘さんの茶碗

cafe & pottery 音

江戸時代から続く地域の伝統産業・萩焼深川窯のうつわを気軽に楽しめるお店としてオープン。音信川沿いに立ち、テラス席もあって、川のせせらぎを聴きながら心地良い時間を過ごせます。

ひとりeye　わたしとうつわのいい時間

お抹茶をいただく際に茶碗が選べたので、直感で坂倉新兵衛さんのものをチョイス。何度も触れて眺めているうちに、手に馴染んでいくのが感じられて、最後に併設のギャラリー兼ショップで坂倉さんの湯呑みを購入しました。温泉でリラックスした状態だったからこそ、「これだ!」と思う作品と巡り合えた気がします。

Data
- 山口県長門市深川湯本1261-12
- 0837-25-4004
- 10:00-16:00
- 水曜、木曜

焼鳥 さくら食堂

焼き鳥串や丼ものなど、テイクアウトメニューが充実。訪れたのが春だったので、川に浮かぶ「川床テラス」で、買った串を片手にお花見を楽しみました。皆さんも、自分の好きな場所で味わってみてください。

Data
- 山口県長門市深川湯本1272-6
- 0837-25-3660
- 11:00-14:30 (L.O. 14:00)、17:00-22:00 (L.O. 21:30)
- 木曜 (祝日の場合は営業)

瓦そば柳屋 長門湯本店

築70年以上の古民家をリノベーションした複合施設の中にある、山口県の郷土料理「瓦そば」の専門店。熱々に熱せられた瓦の上で、じゅ〜っと瓦そばが焼ける音と、茶そばの香ばしい香りを楽しみながらいただけます。

Data
- 山口県長門市深川湯本1325-1
- 080-9185-3070
- 11:00-19:00 (L.O. 18:30)
- 火曜、第三水曜 (祝日の場合は変更あり)

吉冨幸進堂

「界 長門」のスタッフさんに教えていただいた、地元で愛されるお菓子屋さん。たっぷりカスタードが入った、ふわふわのワッフルは絶品！袋に描かれた「わっふる」の文字も味があって、なんだか惹かれます。

Data
- 山口県長門市深川湯本1031-2
- 0837-25-3971
- 7:30-17:30
- 火曜等

デトックス旅 第四章

\ もっと！ /
ひとり温泉旅

この章には載せきれなかった、
これまでのひとり旅で訪れた温泉宿の一覧です。
お宿だけでなく温泉街を
楽しめるところを多めに
ピックアップしておりますので、
ぜひ散策も楽しんでみてください。

中生館

---

01 山形座 瀧波（赤湯温泉）

"山形のショールーム"を掲げるお宿。温泉やお食事を通して、山形の魅力をたっぷりと堪能できます。自分へのご褒美にぜひ。

Data ⌂山形県南陽市赤湯3005 ☎0238-43-6111 ⏰チェックイン15：00、チェックアウト11：00 ✕不定休

02 向瀧（会津東山温泉）

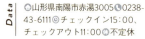

数寄屋づくりの荘厳な木造建築が囲むのは、国の登録記念物名勝地にも指定される回遊式日本庭園。ずっと眺めていたくなる景色が広がります。

Data ⌂福島県会津若松市東山町湯本川向200 ☎0242-27-7501 ⏰チェックイン15：00、チェックアウト10：00 ✕年中無休

---

03 中生館（四万温泉）

リニューアルを経て、なんと全17室中14室がひとり部屋となった老舗旅館。ひとりに優しいリーズナブルな宿泊料金が魅力です。

Data ⌂群馬県吾妻郡中之条町大字四万乙4374 ☎0279-64-2336 ⏰チェックイン15：00、チェックアウト10：00 ✕火曜

04 大黒屋（板室温泉）

理想の"おひとりさま"部屋がある温泉宿。「菅木志雄 倉庫美術館」や月替わりの企画展示があり、アートもじっくり楽しめます。

Data ⌂栃木県那須塩原市板室856 ☎0287-69-0226 ⏰チェックイン14：00、チェックアウト10：30 ✕不定休

デトックス旅

第四章

05 長寿館
（法師温泉）

鹿鳴館風のアーチ型の窓が並び、明治の面影を残す"法師乃湯"で夢うつつな気分に。ぬる湯なので、ひとりで時間を忘れてぼーっと浸かれます。

Data
🏠 群馬県利根郡みなかみ町永井650
📞 0278-66-0005 🕒 チェックイン15：00、チェックアウト10：30 🛏 宿泊は不定休、日帰り入浴は水曜・年末年始

06 松本十帖
（浅間温泉）

以前の大浴場を利用した"ブックバス"が有名ですが、実は温泉街を楽しむ仕掛けもたくさん。チェックインからワクワクします。

Data
🏠 長野県松本市浅間温泉3-15-17（レセプション）📞 0570-001-810 🕒 チェックイン15：00、チェックアウト11：00 🛏 不定休

07 くろしお想
（南紀白浜温泉）

素朴で美しい、和歌山の情景に癒やされるお宿。館内サインやアメニティの袋など、細部にまで美意識が宿っています。

Data
🏠 和歌山県西牟婁郡白浜町1155
📞 0739-42-3555 🕒 チェックイン15：00、チェックアウト11：00 🛏 火曜、水曜

08 界 由布院
（由布院温泉）

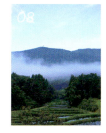

何と言っても見どころは、棚田のランドスケープ。早朝に誰もいないテラスで独り占めした、朝霧の景色が忘れられません。

Data
🏠 大分県由布市湯布院町川上398
📞 050-3134-8092（界予約センター）🕒 チェックイン15：00、チェックアウト12：00 🛏 臨時休館あり

（ ひとり温泉旅を楽しむヒント ）

大浴場は、ピークタイムを外すとひとりで静かに入浴ができます。個人的な狙い目は、夕食前、深夜、チェックアウト前。運が良ければ、広い大浴場を"独り占め"するなんてことも叶います！ 露天風呂付きのお部屋だと、人目を気にせず何度でも浸かれるので、それもいいですね。

板室温泉 大黒屋

デトックス旅 ―― 第四章

ひとり山旅

"わたし"の冒険に出かけよう

　まったく山と縁がない人生を送ってきた私が、山登りをしようと思ったきっかけは、大学時代の友人が"ひとり登山"を楽しんでいたからでした。ただ、いきなりひとりは難しい……。そこで、まずはその友人にお願いして連れていってもらい、記憶にある限りでは"人生初"の登山へ。頂上で見る景色や下山後のビールのおいしさに感動し、登山のおもしろさを教えてもらいました。

　そして、ひとり登山デビューの場所として選んだのが高尾山。道中の景色を味わい、考え事をしながら、自分のペースでゆっくり登りました。スマートフォンも触らず、頭を空っぽにして心からリフレッシュ。「こんなひとり時間の楽しみ方があったのか!」と目から鱗でした。

　でも、基本的には怖いんです、割とずっと。こんなに孤独を感じることって、普段ないから。ただ、この心細さを味わうことも大事だと思っています。「今、ひとりで不安を感じているのは、普段当たり前に助けてくれる人がいるからなんだ」と、周りの人のありがたさを実感できたりして。心地良さを優先するひとり時間も良いですが、たまには冒険するひとり時間も、新しい発見があっていいかもしれません。

143

休みができたら
ひとりでふらっと

> ひとり山旅

高尾（東京都）

新宿から最短で約40分、"都心から最も近い"登山スポットとして知られる高尾山。気軽にふらっと行けるのが魅力で、ぽっかり予定が空いた日に、ひとりで急に思い立って訪れることもできます。アクセスの良さに加え、麓にはさまざまなコンテンツが揃っているので、登らずとも十分に楽しめるのも嬉しいポイント。私のような登山初心者の方には、特におすすめです。

144　山頂から見えた富士山

デトックス旅 ── 第四章

高尾山 登山ルート

標高は599m。「高尾山薬王院」への表参道でメインとなる1号路をはじめ、6つの自然研究路ほか複数の登山ルートがあります。ケーブルカーやリフトを利用して中腹まで行くことも可能です。

マイルートで マイペースに楽しむ

自分のコンディションやレベルに応じてルートを選べるのが魅力です。何度か登ると、"わたし"のお気に入りルートが見つかるはず。私の定番コースは、1号路→中腹から3号路→頂上→1号路→中腹からリフトで下山するルート。3号路は人が少なく静かに登れるうえ、傾斜もそれほどきつくないのでお気に入りです。最初から登る元気がない時は、リフトやケーブルカーで中腹まで行くことも。自分と相談して自由に選んでみてください。

3号路(左上、右上)、 3号路からの景色(真ん中)、
中腹のスペース(下)

天狗焼

「烏天狗」の顔の形をかたどった高尾山名物。パリッとした食感の生地の中に、黒豆のあんこがたっぷりと入っていて、これがもう絶品！中腹で休憩がてら、ここまで頑張った自分への小さなご褒美にどうぞ。

Data
販売所：高尾山スミカ
東京都八王子市高尾町2181
042-661-4151
10:00-16:30（冬期は16:00まで）

高尾山薬王院

約1300年前に開山された真言宗の寺院。不動明王の化身「飯縄大権現」がご本尊で、天狗がその守護役とされることから、天狗の像やオブジェが点在しています。登山の前後で、ぜひお参りを。

Data
東京都八王子市高尾町2177
042-661-1115
9:00-16:00

リフト

ふもとの山麓駅から中腹にある山上駅の間を往復しています。最初は「ひとりで乗るの恥ずかしいかも？」なんて思っていたのですが、そんな心配は不要でした！景色に浸れてとても気持ち良いのでおすすめです。

Data
東京都八王子市高尾町2205
042-661-4151 5月-11月 9:00-16:30、12月-4月 9:00-16:00 ※土日祝は状況により変動あり

デトックス旅 ── 第四章

高尾さんかく堂

高尾山の麓にある、揚げたてドーナツとジェラートの専門店。ハワイのローカルフードであるマラサダに着想を得たというドーナツは、高尾山をイメージした末広がりの三角形の可愛らしいシルエットが印象的です。

頑張った自分を甘やかすご褒美

「天狗焼」が道中のご褒美なら、このドーナツは下山後の自分へのご褒美。種類豊富なラインナップなので迷ってしまうのですが、私の定番はカスタード。頑張った後に食べる、ほくほくの揚げたてドーナツのおいしさはたまりません。週末など混雑している時は早めに売り切れることもあるので、そこだけご注意を！

Data
- 東京都八王子市高尾町2219
- 042-673-3750
- 9:00-17:00
- 不定休

京王高尾山温泉 極楽湯

京王高尾山口駅直結の温泉施設。広い空間にさまざまなタイプのお風呂があり、一番の人気は「天然温泉 露天岩風呂」。地下約1000mから湧き出るアルカリ性のやわらかなお湯を、"あつ湯"と"ぬる湯"で楽しめます。

登山の疲れを癒やす、極上のひとり温泉

下山後の最高の癒やしが、温泉。疲れ切った体に沁み渡ります。気持ち良すぎて叶うことなら、叫びたいくらいです（笑）。今日の登山を振り返り、ゆったりと余韻に浸りながら、自分の身体を労って。お風呂の種類が多いので、マイペースに"湯巡り"を楽しむのもおすすめです。

Data
- 東京都八王子市高尾町2229-7
- 042-663-4126
- 8:00-22:30（最終入館は21:45）
- 臨時休館あり

タカオネ

2021年、高尾山口駅前にオープンしたホテル。宿泊プランには、アメニティとして薪が一束用意されているので焚き火を体験できます。宿泊せずとも、レストランや焚き火体験を利用できたり、登山用のシューズをレンタルできたりするので、日帰りでも立ち寄りたい場所です。

ひとりeye
静かな早朝にひとり焚き火を

日帰りで利用したこともありますが、宿泊した時の早朝の焚き火体験が忘れられません。朝の澄んだ空気の中、まだ誰もいない場所で、ひとり静かに本を読みながらゆらめく炎を眺める時間がたまらなくて……。ずっとここにいたいと思うくらいでした。朝食は、テイクアウトでも提供されているので、BOXを受け取って近くの川辺で好きな場所を見つけてのんびり楽しむこともできます。宿泊だからこそ味わえる、優雅なひとりの朝時間をぜひ。

Data
- 東京都八王子市高尾町2264
- 042-662-3955
- チェックイン15:00、チェックアウト10:00
- 不定休

デトックス旅 ── 第四章

高尾599ミュージアム

「日本デザインセンター」が企画・ディレクションを手がけ、高尾山の豊かな生態系をユニークに展示しているミュージアム。入場料は無料でカフェも併設されていて気軽に立ち寄れます。天候が悪い時にもおすすめです。

 美しい高尾山に魅せられて

ディテールにも目を凝らせるひとりの時にこそ、立ち寄りたいスポットです。洗練された展示スタイルにはうっとりしてしまいます。それにしても、東京の高尾山にこんなにもたくさんの動植物たちが生息しているとは！登山の際、そんなところに目を向けてみるのも楽しそうですね。

Data
- 東京都八王子市高尾町2435-3
- 042-665-6688
- 8:00-17:00（12月-3月は16:00まで）
- 無休（メンテナンス等による臨時休館あり）

KO52 TAKAO

2024年、高尾駅のほど近くにオープンした商業施設。クラフトビールのお店やカフェ、アウトドアショップにお花屋さんなど個性豊かなお店のラインナップで、高尾の"暮らし"に触れられます。

 わたしのワクワクを見つけたい

高尾山から少し足を延ばして訪れたいスポット。地元の方も多く訪れるため、ローカルな雰囲気を味わいながらゆったりと滞在できます。下山後に「高尾ビール」を飲むも良し、次の登山に向けてグッズを揃えるも良し、お土産に花束を買って帰るも良し。とりあえず足を運んでみると、何か楽しいことが見つかる気がする、そんなワクワクする場所です。

Data
- 東京都八王子市初沢町1231-35
- https://ko52takao.jp/
- HPより各店舗の情報をご確認ください

山岳リゾートと楽しむ、ひとりハイキング

（ひとり山旅）

上高地（長野県）

長野県松本市、北アルプスの谷間にある上高地。標高およそ1,500mの美しい山岳景勝地で、国の特別名勝にも指定されています。「上級者しか楽しめないのでは……」と思いきや、そびえ立つ山々とは対照的に広大な平地となっていて、初心者でも楽しめるハイキングコースが整備されているのがポイント。「上高地帝国ホテル」をはじめとする"山岳リゾート"が点在し、優雅にひとりホテルを楽しみながら、自然を満喫できるのも魅力です。

上高地帝国ホテル

1933年に誕生した、日本初の本格的な山岳リゾートホテル。スイス・アルプスの山小屋を彷彿とさせる赤い屋根の建物の中で、木の温もりに包まれながら優雅に寛ぐことができます。

客室「ダブルA」

ひとり上高地の思い出は憧れのホテルとともに

バス停に降り立ち、赤い屋根を目にした時の感動は、今も鮮明に覚えています。中に入ると、帝国ホテルらしい気品と、寛ぎのバランスに惚れ惚れしました。私のお気に入りは、屋根の傾斜をそのまま生かしている、山小屋風のお部屋「ダブルA」。童話に出てきそうな、可愛らしいコンパクトな部屋で、ひとり滞在にぴったりでした。連泊して、ハイキングが終わるたびに「ただいま」とここに帰れるのが嬉しかったです。

Data
- 長野県松本市安曇上高地
- 0263-95-2006（宿泊予約専用）
- チェックイン14:00、チェックアウト11:00
- 冬季休業期間あり

151

ハイキング

明神(上)、河童橋〜明神までの散策道(真ん中)、
岳沢湿原(下)

「上高地 ハイキングコース」とネットで検索すると、複数のルートが出てくるのですが、メインとしては2つ。河童橋を起点に、大正池の方に行くルートと、明神池に行くルートです。私は今回、明神池へのルートを歩きました。

 じっくり、ゆっくり歩く

平坦な道が続くためか少し余裕もあって、美しい景色に出会いながら、ひとりでゆっくりと考え事をしながら歩くことができました。人が密集しているスポットもそこまでなかったので、静かに思考を巡らせながら散歩を楽しむのに最適だと思います。また、この時はひとり登山で初めての上高地だったこともあり、"無理をしない"のもひとつの目標に。まずは、近くの「岳沢湿原」を目指して、身体と相談しながら自分のペースで散策できたのが良かったです。

デトックス旅 ── 第四章

上高地ソフトクリーム

一通り散策を終えて、河童橋に戻ってきた時の自分へのご褒美に。濃厚でおいしい！ 河童橋付近にはベンチもたくさんあるので、お気に入りのスペースを見つけて味わってください。

Data
◎上高地のおみやげや
（五千尺ホテルの売店）
🏠長野県松本市安曇上高地4468
📞0800-800-5125
🕗8:00-17:00
❄シーズン中は無休

上高地帝国ホテル定番の カマンベールチーズケーキ

上高地の山岳リゾートは、カフェやお食事だけを日帰りで楽しむこともできます。私は滞在先の「上高地帝国ホテル」のロビーラウンジでケーキとお茶をいただき、登山後の疲れを癒やしました。

Data
◎上高地帝国ホテル ロビーラウンジ グリンデルワルト 🏠長野県松本市安曇上高地 📞0263-95-2001（代表）
🕗9:00-16:30(L.O.16:00)
❄冬期休業期間あり

開運堂の ウェストンビスケット

上高地を世界に広めた英国人宣教師で登山家、ウォルター・ウェストンの功績を讃え、胸像が刻印されたビスケット。柚木沙弥郎の愛らしいパッケージのイラストも魅力的で、お土産にぴったりです。

Data
◎上高地アルペンホテル内にて販売中
🏠長野県松本市安曇上高地4469-1
※上高地開山より取り扱い

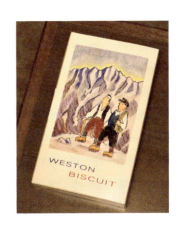

Column 04

"わたしだけの絶景"を見つけて

　目的地での楽しみはもちろんありますが、ひとり旅でワクワクするのが道中の景色。誰かと喋っていたら見逃してしまうであろう、思いがけない景色との出会いこそ、ひとり旅の醍醐味だと思っています。

　特に街中を歩いている時、目を惹くのがパブリックアート。駅周辺や公園など、思わぬ場所に"名作"が潜んでいます。あまりにも街に溶け込んでいて、気付きにくかったりするのですが……。私も何度も通った末にある時初めてふと目に留まって気付いたなんてことがありました。人が行き交う中で、ビビッと、そこだけがくっきりと浮かび上がって見えるような、あの出会いの瞬間がたまりません。

　そして、お店のシャッターも。これは無論、閉店後にしか見られないので貴重。夜に散歩する時の密かな楽しみです。閉まっているのに、こんなにワクワクさせてくれるなんて。細部まで行き届いた"おもてなし心"には頭が上がらないですね。

　最後に、"道中"といって欠かせないのが電車。車窓からの景色は、いつも旅情が感じられてうっとりしてしまいます。何もせずに、ただ移りゆく景色をぼーっと眺めていられるのは、ひとり旅の特権。私は免許を持っていないので、車を運転できないことを不便に感じる場面もありますが、その分、電車移動でしか味わえない景色を楽しめるのは贅沢だなと感じます。

いつもの街旅

第五章

Kyoto Karuizawa Yokohama Nagoya Fukuoka

定番のあの街も、ひとりでじっくり歩くと見えてくるものがあるかもしれません。季節を変えてみたり、散歩のテーマを決めてみたり。ひとりだからできる街歩きを、いつもの街で楽しみましょう。

何度も通う、"わたし"の京都

> いつもの街旅

京都 (京都府)

京都には次々と魅力的なスポットが生まれ、行き先に迷うこともしばしば。でも、最終的に落ち着くのは"いつもの京都"です。「また同じ場所?」と言われても構いません。だって"わたし"は、ここが好きだから。

河井寬次郎記念館

民藝運動の指導者のひとりでもあった陶工・河井寬次郎の住まい兼仕事場が、記念館として公開されています。建物はもちろん、館内の家具や調度類も全て河井が手がけており、彼の仕事や暮らしぶりがそのまま感じられます。

ひとりeye

"わたし"を省みる時間に

ここに来ると、いつも身が引き締まる思いがします。仕事も暮らしも、まっすぐで一生懸命だった彼の姿勢に背筋が伸び、私も頑張らなきゃ、と奮い立たせられるのです。それと同時に、訪れる度に、一層この場所の美しさを感じられている気がして、自分の感性が磨かれたのかも、なんて思えたり。今の"わたし"を確かめられるような、そんな場所です。

Data
- 京都府京都市東山区五条坂鐘鋳町569 📞075-561-3585
- 🕐10:00〜17:00(最終入館16:30)
- 月曜(祝日の場合は翌日)、夏季休館、冬季休館等

母屋2階の書斎机と椅子(上)、上段の間(下)

いつもの街旅 ── 第五章

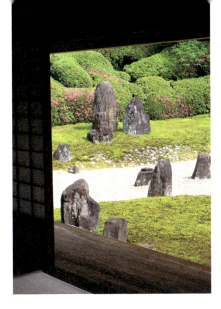

光明院

1391年、東福寺の塔頭として創建されたお寺。1939年に完成した主庭「波心庭」は、昭和を代表する作庭家・重森三玲の作品です。四季折々で魅せる美しさから、「虹の苔寺」とも呼ばれています。

ひとりeye
ひとりで京都に
行く理由

あらゆる角度から、ぼーっと飽きるまで眺めて。そのうちに心がほぐれ、身体まで軽くなって……。お庭に癒やされる感覚をここで初めて味わい、"ひとり京都"にすっかりハマりました。お気に入りの時間は早朝。朝の静けさに包まれながら、深く息を吸い、頭を空っぽにする。何も考えずに、ただこの場にいることを感じる、あの時間が好きです。

Data
🏠 京都府京都市東山区本町15-809
📞 075-561-7317
🕐 7:00-日没前

国指定名勝 無鄰菴庭園

1894〜96年に造営された、政治家・山縣有朋の別荘。彼が隅々までこだわって指示し作庭された庭園は、国の名勝にも指定されています。お庭の見方がわかる10分の無料ガイドツアーは毎日開催されているようです。

ひとりeye
雨の日さえも
愛おしい

「なんでわざわざ、何回も同じお庭に行くの？」と思う方もいると思うのですが、365日、毎日景色が変わるのが魅力なんです。特に印象的だったのは、雨の日。最初は雨で残念だなと落ち込んでいたのですが、「雨の日だからこそ、雨音も楽しんでください」という素敵なメッセージカードを受け取ったおかげで、五感で楽しむことができました。

併設カフェの
喫茶セット

Data
🏠 京都府京都市左京区南禅寺草川町31
📞 075-771-3909
🕐 4月-9月 9:00-18:00、
10月-3月 9:00-17:00
（最終入場は閉場30分前）

157

丹

柳並木の美しい三条通白川橋のほとりに建つ和食屋さん。小さな台所で、朝・昼・夕と一日中、丹後半島の食材をメインに使ったおいしいごはんを提供しています。

ただいま、"わたし"の京都の家

いつが最初だったか覚えていないほど、長年足繁く通い続けているお店です。まるで友人の家にお邪魔しているような感覚で、いつも寛いでいます。もちろん、今では顔馴染みの方がいる安心感もありますが、初めて訪れた時から家族のような温もりを感じたのを覚えています。時に心細さを感じるひとり旅には、こういうお店が必要ですね。

ランチの山椒たっぷり牛丼

Data
- 京都府京都市東山区五軒町106-13
- 075-533-7744
- 12:00-14:30、18:00-22:00
  ※朝食は週末のみ営業。
- 月曜(祝日の場合は翌日)等

白

祇園の静かな路地に佇む、手土産の専門店。店名は白が一を足すと百になることから、「おいしいもので九十九の幸せに気付くきっかけになれば」という思いが込められているそうです。

いつまでも、待っていたい

「丹」で偶然口にしたお菓子があまりにもおいしくて、「これはどこのですか?」と尋ねて訪れたのが最初でした。以来、京都ひとり旅では欠かせない場所に。お気に入りは、最初に感動したトマトとチョコレート「真朱」。包装を待つ間にお茶を出していただく時間も心安らぐひとときで、この時間のために、また足を運びたくなります。

Data
- 京都府京都市東山区祇園町南側570-210
- 075-532-0910
- 11:00-18:00
- 月曜、第二火曜

いつもの街旅――第五章

COPPIE［こぴゑ］

閑静な住宅街にひっそりと佇む、無国籍料理のお店。店名の「COPPIE」はイタリア語ではカップルという意味で、3組の夫婦で役割を分担しながら営業しています。

ひとりeye
これぞ、ひとりごはんの特権

コースもありますが、あえてアラカルトで。というのも、ここのメニューは、たとえば「鱧 ズッキーニ 茄子 トマト」といったように単語のみ。値段もなければ、よくある"おすすめ"の表記もないので、とにかく直感で"わたしが好きなもの"を選べます。オープンキッチンが眺められる開放的なカウンター席も心地良く、通いたくなるお店です。

Data
⊙京都府京都市下京区高辻猪熊町367
☎050-3139-1491
⊙17:00-L.O. 21:30
⊙不定休

大津（滋賀県） — STAY

京都からふらっとひと足のばすと…

京都好きにおすすめなのが、京都から電車で10分で行ける大津。宿場町の趣ある街並みが広がり、寺社仏閣や和菓子屋さんなど、ひとりで静かに味わいたいスポットが数多くあります。比較的混雑しておらず、落ち着いて過ごせる点も"ひとり向き"です。拠点にしたいのは、街歩きを楽しめる仕掛けが満載の「HOTEL 講 大津百町」。泊まるたびに大津が好きになるのですが、私のお気に入りは1850年創業の漬物屋さん「八百与」です。絶品の水茄子を求めて、夏によく訪れています。

HOTEL 講 大津百町

八百与

Data
◎HOTEL 講 大津百町
⊙滋賀県大津市中央1-2-6
☎0570-001-810
⊙チェックイン16:00、
　チェックアウト11:00

◎八百与
⊙滋賀県大津市長等2-9-4
☎077-522-4021
⊙10:00-18:30
⊙日曜等

> ひとり軽井沢は、冬がいい

いつもの街旅

軽井沢（長野県）

避暑地として知られる軽井沢ですが、実は私がおすすめしたいのは冬の季節。雪景色が美しく、人が少なく静かでひとりで過ごすにはぴったりなんです。日帰りでサクッと、"わたしだけの冬休み"を満喫してみませんか？

星野温泉 トンボの湯

1915年の開湯以来、軽井沢の名湯として親しまれてきた「星野温泉」の流れを汲む、源泉掛け流しの立ち寄り湯。樹林に囲まれた露天風呂は開放感たっぷりで心地良く、地元の方にも愛されています。

ひとりeye
雪景色が広がる
露天風呂を"独り占め"

冬は、一面雪景色の中で温泉に浸かれるチャンス。ピークの時間帯を外せば、静けさに包まれてゆったりと寛げます。サウナも併設され、なんと露天の水風呂まで完備！ 恐る恐る挑戦しましたが、これがとにかく"ととのう"のでぜひお試しを。近くにはハルニレテラスもあり、お風呂の前後には気ままにごはんを食べたり、お茶をして過ごせます。

Data
- 長野県北佐久郡軽井沢町長倉2148
- 0267-44-3580
- 10:00-22:00（最終受付21:15）

いつもの街旅 ── 第五章

雲場池

軽井沢を代表する景勝地のひとつ。紅葉シーズンには多くの人で賑わいますが、冬場は静けさが漂います。池を囲む約1キロの散策路があるので、自分のペースでゆったりと散歩してみてください。朝方が特におすすめです。

Data
- 長野県北佐久郡軽井沢町大字軽井沢

BRONCO

軽井沢で一番好きな喫茶店。冬季休業のお店も多い中、年中営業されているのでありがたい限りです。ウッディーな山小屋風の店内で、サイフォン式で淹れられたおいしいコーヒーとともにクレープを頬張る時間、たまりません。

Data
- 長野県北佐久郡軽井沢町軽井沢東23-12
- 0267-42-6226
- 水曜（冬期連休あり）

Cafe hip karuizawa

もみの木の小道の奥に佇むカフェ。大きな窓越しに広がる雪景色を目当てに、冬にこそ訪れたくなる場所です。薪ストーブで温められた室内で、レコードを聴きながら読書するなんて、これ以上ない最高のひとり時間の過ごし方では？

Data
- 長野県北佐久郡軽井沢町大字長倉9-167
- 050-1102-2943
- 10:30-17:00（L.O. 16:00）
- 不定休

名建築を巡る、レトロ散歩

いつもの街旅

横浜（神奈川県）

横浜には、開港とともに発展し、西洋の影響を受けた建築が今も残っています。ひとりでゆっくりと歩きながら、そのディテールの美しさに目を向けるのも楽しいもの。名建築を巡り、港町の異国情緒を味わいましょう。

ベーリック・ホール

イギリス人貿易商・ベリック氏の邸宅として、1930年に建築されました。スパニッシュスタイルを基調としており、色合いやアーチ状の窓などの装飾から、南欧の明るく開放的な雰囲気が感じられます。

ひとりeye
ひとりでじっくり
洋館探しを

山手地区には洋館が多く立ち並んでいて、ひとりでじっくりと時間をかけて回るのがおすすめです。「ベーリック・ホール」は、太陽のような明るさに包まれ、いるだけで元気をもらえる空間が魅力。中でも、タイルや色使いが可愛らしいバスルームがお気に入りで、「こんな場所が我が家にあったら……」と夢を見てしまいます。

Data
- 神奈川県横浜市中区山手町72
- 045-663-5685
- 9:30-17:00
- 第二水曜（祝日の場合は翌日）、年末年始

いつもの街旅 ── 第五章

ホテルニューグランド

1927年開業のクラシックホテル。ニューグランドブルーと呼ばれる鮮やかな青絨毯が敷かれた大階段と、その先に広がるロビーは圧巻。人気の少ない深夜に、ひとりでこの空間を"独り占め"できるのは、宿泊者の特権です。

Data
- 神奈川県横浜市中区山下町10
- 045-681-1841
- チェックイン14:00、チェックアウト11:00

CAFÉ de la PRESSE

昭和初期に建てられた重厚な建物の2階に佇むカフェ。記者たちが立ち寄るパリの街角のカフェをイメージした店内で、おいしいスイーツを楽しめます。パリをひとり旅しているような気分で、ぜひ味わってみてください。

Data
- 神奈川県横浜市中区日本大通り11 横浜情報文化センター2F
- 045-222-3348
- 10:00-20:00(L.O. 19:30)
- 月曜、火曜、年末年始

馬車道十番館

ステンドグラスやレンガが美しい明治の西洋建築を再現した洋館にある、喫茶室とバーを併設したレストラン。私のお気に入りは、タマゴサンドとレモンスカッシュの"黄色コンビ"。人が少ない早めの時間に訪れるのがおすすめです。

Data
- 神奈川県横浜市中区常盤町5-67
- 045-651-2621
- 10:00-22:00(喫茶)

ひとりで嗜みたいから

いつもの街旅
名古屋（愛知県）

名古屋といえば、喫茶店。私も喫茶巡りは楽しみのひとつですが、他にもじっくり味わいたいものがたくさんあります。ここでは、お気に入りの喫茶店とともに、ひとり名古屋がもっと楽しくなるスポットをご紹介します。

揚輝荘

松坂屋の初代社長・伊藤次郎左衛門祐民が丘陵地に建てた別邸兼迎賓館。名古屋市における郊外別邸の代表作として知られ、敷地内の5棟の建造物は市が指定する有形文化財にも登録されています。

ひとりeye
旅するように"迎賓館"を歩く

私のお気に入りは、迎賓館として建てられた「聴松閣」。伊藤祐民が世界を旅する中で得たインスピレーションが随所にちりばめられ、まるで旅をしているような気分が味わえます。特に地下には、壁画やレリーフなどインド様式の意匠が施され、異国情緒たっぷり。建築の細部を堪能しながら、"ひとり旅"を楽しんでみてください。

「聴松閣」2階の旧応接室、地下の壁画

Data
- 愛知県名古屋市千種区法王町2-5-17
- 052-759-4450
- 9:30-16:30
- 月曜（祝日の場合は直近の平日）

いつもの街旅 ― 第五章

珈琲専門店 蘭

一時閉店の危機を迎えながらも、隣で花屋さんを営む姉妹が引き継ぎ、今も営業している喫茶店。もとの空気感を大事にされていて、渋さのある、いい味を醸し出しています。私のお気に入りは、カウンター越しに見る石壁です。

Data
- 愛知県名古屋市中区丸の内2-13-8
- 052-201-8420
- 10:00-17:30
- 土曜、日曜、祝日

人気No.1メニューの「マロン」

洋菓子・喫茶 ボンボン

1949年創業、名古屋で愛され続ける名店。ケーキの名前がぎっしりと並んだメニューを見て、何にしようかと悩む時間が幸せです。店内外にちりばめられた「ボンボン」の文字を探すのも密かな楽しみ。こんな楽しみ方は、ひとりだからこそ。

Data
- 愛知県名古屋市東区泉2-1-22
- 052-931-0442
- 8:00-21:00（L.O. 20:40）

名古屋市美術館

名匠・黒川紀章の建築や会期ごとにテーマが変わる常設展など、常時楽しめる見どころがたくさん。アートで心が満たされた後は、外の公園でひとり静かに余韻に浸るのが好きです。何気ない風景も、なんだか一層美しく感じられます。

Data
- 愛知県名古屋市中区栄2-17-25
  （芸術と科学の杜・白川公園内）
- 052-212-0001
- 9:30-17:00（祝日除く金曜は20:00まで）
- 月曜（祝日の場合は翌日）、展示替え期間

のんびり憩える場所、あります

〈 いつもの街旅 〉

福岡 (福岡県)

福岡といえば賑やかな印象が強くて、誰かと行くことの方が多い街でした。でも実は、ひとりでほっと一息できる場所もたくさんあるということに最近気付いて……。今回は、そんな隠れた癒やしスポットをご紹介します。

福岡市美術館

市民の憩いの場、大濠公園内に佇む前川國男設計の美術館。古美術や、黒田清輝、青木繁といった九州ゆかりの近代日本洋画家の作品、現代アートまで幅広いコレクションを楽しめます。

前川建築とアートに癒やされて

前川建築好きな私にとって、この美術館は建築そのものがひとつの作品のように感じられました。常滑焼の窯で焼かれた複雑な色調のタイルやアーチ状の構造には、思わずうっとり。展示の中では特に古美術が印象的で、諸外国の色鮮やかな染織作品には釘付けに。建築とアート、両方に癒やされる贅沢な時間を過ごせました。

Data
📍 福岡県福岡市中央区大濠公園1-6
📞 092-714-6051
🕘 9:30-17:30
（7-10月の金曜、土曜は20:00まで／最終入館は閉館30分前）
🚫 月曜（祝日の場合は翌日）、年末年始

いつもの街旅 ── 第五章

鈴懸本店

1923年創業、福岡を代表する和菓子屋さんの本店。ショップで"わたしが好き"な和菓子をセレクトしつつ、併設されている茶舗のカウンターでゆっくりと「すずのパフェ」を味わいました。次回はランチもいただきたいです。

Data
- 福岡県福岡市博多区上川端町12-20
- 092-291-0050
- 菓舗9:00-19:00、茶舗11:00-19:00
- 1月1日、2日

ブックスキューブリック けやき通り店

ひとり旅では本が欠かせないので、旅先でこんな素敵な本屋さんに出会えると嬉しくなります。皆さんも、ここで見つけた一冊を片手に福岡の街をひとり散歩してみては？ 箱崎店にはカフェも併設されているそうです。

Data
- 福岡県福岡市中央区赤坂2-1-12
- 092-711-1180
- 11:00-19:00
- 月曜(祝日の場合は営業)、年末年始

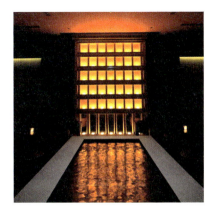

HOTEL IL PALAZZO

日本初のデザインホテルとして誕生し、リノベーションを経て再オープン。一歩足を踏み入れた瞬間から、独自の世界観に心奪われます。ここでしか味わえない、優雅なひとりステイをぜひ。

Data
- 福岡県福岡市中央区春吉3-13-1
- 0570-009-915
- チェックイン16:00、チェックアウト12:00

ひとり旅に持っていきたい本

ひとり旅の相棒となるのが"本"。自宅から連れていくこともあれば、旅先の本屋さんで現地調達することも。ここでは、ともに旅をしている気分になれる旅のエッセイを中心に、私の相棒をご紹介します。

---

01 『柚木沙弥郎 旅の手帖』
柚木沙弥郎（平凡社）

柚木さんが40代で初めて海外ひとり旅した際の記録。「全部できなくてもいい、今を楽しもう」という一節に励まされました。

02 『途上の旅』
若菜晃子（アノニマ・スタジオ）

行ったこともない異国の地なのに、その情景がありありと目に浮かび、しまいにはそこにいるかのような錯覚を覚えました。

03 『ももこの世界あっちこっちめぐり』
さくらももこ
（集英社文庫／©MOMOKO SAKURA）

良い意味で大人気なく、無邪気な旅が微笑ましい。添えられた、さくらももこさんによるイラストも愛おしいのです。

04 『47都道府県 女ひとりで行ってみよう』
益田ミリ（幻冬舎文庫）

「行ってみよう」という軽やかな思いつき。張り切らず、肩の力を抜いてひとり旅してみようかなと思わせてくれる本です。

05 │ 『たびたびの旅』
安西水丸(田畑書店)

ここへ、あそこへ行きたいと調べながら読みました。閉店したお店も多く、切なさがありましたが在りし日の姿に思いを馳せて……。

06 │ 『旅ドロップ』
江國香織(小学館)

遠くに行くだけが旅じゃないし、雨でずぶ濡れになっても"いい旅"になることもある。旅の醍醐味を改めて感じさせてくれます。

07 │ 『じゆうがたび』
宇賀なつみ(幻冬舎)

「大事なことに気づくのは、いつも旅の途中でした」旅って人生そのものなんだなと、ハッとさせられました。先輩、さすがです。

08 │ 『恋するように旅をして』
角田光代(講談社文庫)

度肝を抜かれる破天荒な旅の数々にびっくり! 他人の旅ってこんなにおもしろいんだと旅のエッセイにハマるきっかけになった本です。

09 │ 『散歩のとき何か食べたくなって』
池波正太郎(新潮文庫)

池波先生が愛したお店の記憶。私はこれを、ひとり外食の待ち時間に、お腹を空かせながら読むのが好きです。

10 │ 『ひとりみんぱく』
松岡宏大(国書刊行会)

松岡さんが旅先で蒐集したものをまとめた一冊。出会ったものから旅の記憶がよみがえる——私も"ひとりみんぱく"しようっと。

スペシャル対談
ひとり旅ってなんだろう
山脇りこ×まろ

山脇りこ（やまわき・りこ）

料理家として「きょうの料理」(NHK)などのテレビ番組、新聞、雑誌で活躍。レシピ本は25冊に。台湾好きとしても知られ旅のガイドブック『食べて笑って歩いて好きになる 大人のごほうび台湾』(ぴあ)など台湾3部作もある。ひとり旅の楽しさを綴った『50歳からのごきげんひとり旅』(大和書房)が13万部を超えるベストセラーになり、文筆家としても雑誌やWEBで活躍の場を広げている。

「ひとり旅」には、誰かと行く旅とはまた違った特別な感覚があります。それは楽しいことばかりではなく、時に寂しさや不安を感じたり、気付きを与えてくれることも。今回は、13万部を超えるベストセラー『50歳からのごきげんひとり旅』の著者・山脇りこさんと一緒に、改めて、ひとり旅とは何か、語り合いました。

「ひとり旅」って、誰かと行く旅となにが違う？

山脇りこ（以下、山脇）：ひとり旅って「私とふたり旅」だなっていつも思うんです。100%自分だけで決めるので、私とよく話し合うし、全部自分の時間。日常の中では案外ないな、と、ひとりで旅するようになって思います。私はひとりっ子なので、「ひとり」って子どもの頃からなんとなくテーマで、考えてはきたのですが、結婚して家族ができたら、すっかり「ひとり」から遠ざかっていて。「ひとりは寂しい」とか「ひとりだと"かわいそう"だと思われる？」といった意識が働くようになっていたんですね。でも、50歳頃から、やっぱりひとりでも大丈夫な自分でいたいと思うようになって。ひとりっ子魂はあるから潜在的に「ひとりの時間は必要」「寂しいけど、ひとりも大事」とは感じていたのかな。それでおそるおそるひとり旅をしてみたんです。

まろ：ひとりっ子ならではで、おもしろい視点ですね。私自身もですが、ひとりでいることが幸せだったり、時に嫌になったり、そういう矛盾を抱えている感覚は何となくわかります。

山脇：先日、まろさんがSNSに「ひとりが絶対というわけではなくて、ひとりがいい時もふたりがいい時もある」と書かれていて、そうそう、と思いました。

まろ：まさに、「ひとり旅と、誰かと行く旅の違い」ですよね。ちなみに、山脇さんは「旅に出たい！」と思われた時、そのあたりはどのように使い分けていますか？

山脇：私の場合は、ひとりの時間が必要だなと思ったら、ひとりで旅に出ます。自分とふたりっきりになりたい時。行き先は行ってみたい店や場所、うつわなど含めて食べ物関係か美術館が多いんですけど、一か所あれば、そこへ。ただひとりだとこれまでに行ったことがある知っている安心な街で、公共の交通機関で安全に回れるところを選びます。それ以外に行きたいところがあったら、最高の旅友でもある夫とふたりで行きます。女友だちとの旅は、その人とだから一緒に行きたいところへ。ただ時間を気にせず話したいっていう旅もあります。

まろ：その感覚、わかります！ 私も、誰かとの旅とひとり旅で、目的を分けています。私の場合は、誰かとの旅はその人と過ごすことが一番の目的なので、行く場所ややりたいことは相手の意向を優先するようにしていて、逆にひとりの時は自分のやりたいことをやり尽くすことが多いですね。むしろ、そういうわがままなひとり旅があるからこそ、誰かとの旅では相手に合わせる余裕があるんだと思います（笑）。

山脇：年齢的なこともあると思うのですが、私の場合は自分の好きなことだけする、自分を甘やかすひとり旅なので、無理して深掘りすることはなくなってきました。目的は「この店に行ってみたい」「あの景色が見たい」と、ひとつかふたつで。ひとりの時間を持ちたくて行くので、その場で予定を変えてただのんびりもあります。

「ひとり」と「誰かと」どちらも大切

まろ：ちなみに、山脇さんは誰かと行く旅の時、スケジュールは立てる方ですか？

山脇：夫との旅では、旅先をプレゼンして話し合います（笑）。食事はほぼ私が決めて、あとは分担かな。友達との旅では、食事は「予約して」と言われたらがんばります。それ以外は決め

ひとり旅ってなんだろう

スペシャル対談

てもらうことが多いかな。

まろ：なるほど。私の場合、ひとり旅だと全部自分で決めるので「決め疲れ」していて。誰かと行く旅の時は、できれば決めてもらいたいんです。相手が行きたいところへ行きたい。たとえば、ひとりだと普段観光地にはあまり行かないんですが、誰かと行くとおもしろいと思えるんですね。未知なる場所に"連れていってもらっている"感覚と言いますか。

山脇：新しい発見がもらえますよね。

まろ：そうなんです！ 先日、ライフスタイルのまったく違う、同窓生という以外何の共通点もないけれど仲の良い女子3人で韓国旅行をしたのですが、もうカオスで（笑）。誰かといるからこそカオスも生まれるんだと、それすら愛おしく思えてきました。それもこれも、ひとり旅あってこそ、かも。

山脇：誰かと行くと、そんな愛おしさを感じたり、関係が深まるのが醍醐味ですよね。一方で、家族以外と行く旅は、年齢を重ねるほどに調整が難しくなってくる気がしていて。ひとり旅は行きやすいし、完全に日常と離れられるので、束の間の心地いいサードプレイスになるのがいいなと。

まろ：そうですよね。誰かと予定を

調整する必要がなく、ふらっと行けるのはひとり旅の良さですね。ただ、最近「ずっとひとりでいいや」って思う人も増えてきてる気がして、それはちょっと寂しいなと感じています。

山脇：この本のタイトルの通り、ひとりがいい時、誰かといたい時、両方ありますよね。自分には両方必要だなとおもいます。

あなたの「ひとり旅」へのメッセージ

まろ：私の場合は、ひとりの時間を持つことで、逆に「人とつながりたい」と思えるようになったんですね。ひとりでしかできないことがあると思うと同時に、ひとりではできないこともあると思うようになりました。
あと、ひとり旅をすることで「こんなことも、私は他人にやらせていたんだ……」と、気付くような学びも多いのですが、山脇さんはいかがですか？

山脇：そうですね、自分とふたりになってみると、その時抱えているいろんなことを反省したり、深く凹んだり、パッと解決したり。そしてひとりだと「適正に凹む」からいいなって気がついたんです。誰かといると、自分のつらさを盛ってしまったり、余計にかわいそうな話にしちゃったりしませんか？　ひとりだとそれをやらないから、かえって客観的で、さっさと解決したり、気持ちを切り替えたり、逆に静かに悲しんだりして、いいなと思っています。

まろ：適正に凹む、確かにそうかもしれないです。とはいえ、ひとり旅に行くこと自体にハードルを感じている人はまだ多いのかなと思っていて。そういった場合、山脇さんが以前に仰っていた「誰かとの旅行にひとり旅をくっつける」というのは、取り入れやすくて名案だと思いました。

山脇：家族で行く沖縄リゾート旅の前に、ひとりで那覇街歩きの2泊とか、「前乗り」おすすめしたいです。あとで家族や友達と合流すると思えば心強いし、帰りが一緒なら自分だけ先に2日間遊んでいたことはなかったことになります。家族への罪悪感ゼロ（笑）。

まろ：下見をしておきましたよ、くらいのニュアンスですね（笑）。では逆にひとり旅がマンネリ化してきている人へのアドバイスはありますか？

山脇：いまだにひとり旅だと緊張しているので、アドバイスは難しいのですが、ガイドツアーに参加してみるのはどうでしょうか？　拙著でも紹介していますが、法隆寺でガイドツアーに参加してみたらすごくおもしろかったので。新鮮かもしれません。

173

INDEX

ひとりがいい旅MAP

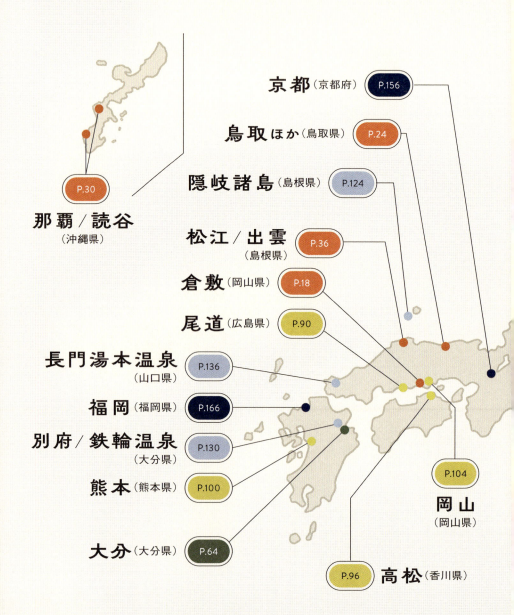

Staff

撮影／まろ（本文）、fujico（表紙、総扉）

デザイン／細山田光宣、藤井保奈（細山田デザイン事務所）

イラスト／芦野公平

DTP／株式会社明昌堂

校正／聚珍社

編集協力／国実マヤコ

編集／志村マリア、川上隆子（ワニブックス）

ひとりがいい旅

著者　**まろ**（おひとりプロデューサー）

2025年5月10日　初版発行
2025年7月1日　3版発行

発行者　**髙橋明男**

発行所　**株式会社ワニブックス**

〒150-8482 東京都渋谷区恵比寿4-4-9 えびす大黒ビル
ワニブックスHP　https://www.wani.co.jp/

（お問い合わせはメールで受け付けております。HPより「お問い合わせ」へ
お進みください。※内容によりましてはお答えできない場合がございます。）

※本書は小社WEBマガジン「WANI BOOKOUT」で
2024年4月〜2025年3月に連載された「そうだ、ひとり旅に行こう。」を
大幅に加筆し、再構成したものです。

印刷所　**TOPPANクロレ株式会社**

製本所　**ナショナル製本**

定価はカバーに表示してあります。

落丁・乱丁の場合は小社管理部宛にお送りください。
送料は小社負担でお取り替えいたします。
ただし、古書店等で購入したものに関してはお取り替えできません。
本書の一部、または全部を無断で複写・複製・転載・公衆送信することは
法律で定められた範囲を除いて禁じられています。

©まろ　2025
ISBN978-4-8470-7545-2